palgrave macmillan

"一带一路"倡议和全球经济（Ⅰ）
——国际贸易和经济发展

［澳］约翰·约书亚（John Joshua）◎主编
尹飞舟　乐国斌　周艺文　李丽丽◎译

THE BELT AND ROAD INITIATIVE AND THE GLOBAL ECONOMY

CNS | 湖南人民出版社·长沙

《国外“一带一路”研究译丛》

主　编　蒋洪新　尹飞舟

副主编　邓颖玲　余承法

总　序

"'一带一路'源自中国，但属于世界。"习近平主席这句话启示我们，"一带一路"建设需要中国智慧，也需要世界智慧。"一带一路"与世界智慧的关系是什么？在《国外"一带一路"研究译丛》出版之际，这个问题引起我们的深思。

一、"一带一路"倡议吸纳了世界智慧

丝绸之路是中国开凿出来的古代商路，其形成汇聚了沿线各国人民的智慧，是历史留给人类的财富。西汉时期，张骞两次出使西域，开通了丝绸之路，《史记》称之为"凿空"之旅。东汉时期，班超出使西域，使丝绸之路复通，《后汉书》记载，班超派遣的"甘英使大秦，抵条支。临大海欲度……"。魏晋南北朝时期，北魏献文帝遣使通西域，《魏书》记载："朝廷遣使者韩羊皮使波斯，波斯王遣使献驯象及珍物。"唐宋时期，贸易繁荣，陆上丝绸之路的发展达到鼎盛，海上丝绸之路也十分繁华，据韩愈《送郑尚书序》描述，"蛮胡贾人，舶交海中……外国之货日至，珠香象犀玳瑁奇物溢于中国，不可胜用"。元朝时期，意大利旅行家马可·波罗根据他经行地中海、欧亚大陆和游历中

国的经历，写下了著名的《马可·波罗游记》，向欧洲展示了神秘的东方。明朝时期，著名航海家郑和7次远洋航行，到达亚洲、非洲的30多个国家和地区。"驼队和善意""宝船和友谊"架起了东西方交流的桥梁，打开了各国友好交往的大门。

丝绸之路是贸易之路，将中国的丝绸、铁器、瓷器等带到西方，将胡椒、亚麻、葡萄等带回中国。丝绸之路是文明交流之路，沿线的古埃及文明、古巴比伦文明、古印度文明和中华文明长期交流互鉴，佛教、基督教和伊斯兰教交流共融。中国古代的四大发明经阿拉伯人传到欧洲，佛教、伊斯兰教以及基督教的分支沿着丝绸之路进入中国，丰富了中国的文化。文明因开放而发展，民族因包容而共存，丝绸之路留下了丰富的文化遗产。

鸦片战争以后，联结东西方的丝绸之路日渐式微，几乎被历史尘封。1868年至1872年，德国地理学家费迪南德·冯·李希霍芬（Ferdinand von Richthofen，1833—1905）在中国先后进行了7次旅行，调查地质、矿藏等。在1877年出版的《中国：我的亲身旅行及其研究成果》第一卷中，他首次提出了"丝绸之路"的概念。1910年，德国历史学家阿尔伯特·赫尔曼（Albert Herrmann，1886—1945）在其著作《中国与叙利亚之间的古代丝绸之路》中引申了李希霍芬的观点。1913年，法国汉学家埃玛纽埃尔-爱德华·沙畹（Émmanuel-Édouard Chavannes，1865—1918）提出了"海上丝绸之路"的概念。1936年，李希霍芬的学生斯文·赫定（Sven Hedin，1865—1952）推出《丝绸之路》一书。从此，以中国为起点的海上丝绸之路和陆上丝绸之路，拂去了历史的尘烟，重新回到了人们的视线。

20世纪后期，国际社会开始出现一些复兴丝绸之路的提法。1988年，联合国教科文组织宣布启动为期10年的“综合研究丝绸之路——对话之路”项目，旨在加强东西方文化交流，密切欧亚大陆各国人民的关系。2008年，联合国开发计划署与中国和中亚四国政府联合发起“丝绸之路复兴计划”，该计划涉及俄罗斯、伊朗、土耳其、中国等19个国家，于2008—2014年实施了230个项目，投入430亿美元，在公路、铁路、港口、通关等方面着力，构建运输走廊。2004年，日本提出将中亚五国及外高加索三国定为“丝绸之路地区”，实施“丝绸之路外交”战略，抢占能源。2005年，美国约翰斯·霍普金斯大学中亚高加索研究院院长弗雷德里克·斯塔尔（Frederick Starr）提出“新丝绸之路”的想法，强调建设连接南亚、中亚、西亚的交通运输和经济发展网络。2011年，美国提出“新丝绸之路”计划，以阿富汗为中心，将中亚、南亚连起来，构建区域性地缘政治、经济体系，意在围堵和遏制中国、俄罗斯和伊朗。同年，伊朗启动“铁路丝绸之路”计划，旨在连通阿富汗、塔吉克斯坦、吉尔吉斯斯坦和中国的铁路线。2012年，哈萨克斯坦宣布实施“新丝绸之路”项目，计划充分利用区位优势，将该国打造为中亚地区最大的过境中心。多年来，俄罗斯将“中欧运输走廊”称为“新丝绸之路”，强调俄罗斯应该在“新丝绸之路”上发挥决定性作用。这条走廊从中国经中亚、俄罗斯到德国，连通铁路网和港口。上述这些提法不同程度地体现了“丝绸之路”蕴藏的智慧，在国家与国家的关系中找到了符合自身利益的发展空间和路径，但是它们的价值观存在局限，囿于局部利益和短期效应，没有宽广的全球视野和历史纵深感，因而缺乏可接受性、可持续性和开创性。

2013年秋，习近平主席分别在哈萨克斯坦和印度尼西亚提出了共建“丝绸之路经济带”和“21世纪海上丝绸之路”的倡议，标志着古代丝绸之路的复兴进入了一个新的历史时期。习近平主席融历史眼光和全球视野于一体，深邃地思考丝绸之路的历史与未来。他对丝路精神进行了高度的概括：“古丝绸之路绵亘万里，延续千年，积淀了以和平合作、开放包容、互学互鉴、互利共赢为核心的丝路精神。这是人类文明的宝贵遗产。”他针对全球发展中存在的问题，从构建人类命运共同体的高度，提出了一个促进各国共同繁荣发展的方案。习近平主席提出的“一带一路”倡议是贡献给世界的中国智慧，之所以能够得到国际社会积极而广泛的响应，正是因为该倡议具有历史眼光和全球视野，吸纳了世界智慧。正如世界银行前行长金墉所说：“‘一带一路’倡议植根于古代丝绸之路的历史土壤，点亮的是未来世界发展的星空。它将推动跨境乃至跨大洲的融通，惠及世界大多数人口。”

二、共建“一带一路”需要联通世界智慧

共建“一带一路”的核心是区域联通、世界联通，而世界联通的根本是世界的智慧相通。从时间维度来看，“一带一路”倡议贯通古今。丝绸之路从西汉时期开拓凿通到鸦片战争后日渐衰落，再到今天在国际社会共商共建中将重现昔日的辉煌，在

2000多年的漫长历史中虽然历经盛衰，却赓续绵延，其中有多少故事值得回味，有多少智慧值得汲取。2014年6月，中国、哈萨克斯坦、吉尔吉斯斯坦跨国联合申报的丝绸之路项目被列入《世界遗产名录》，这标志着中国与“一带一路”合作伙伴共同继承丝绸之路历史遗产的开始。从空间维度来看，“一带一路”倡议联通全球。丝绸之路以中国为起点，连接亚洲、欧洲和非洲，以开阔的胸襟、开放的态度接纳越来越多的国家和地区，以开放的态度容纳世界。根据“一带一路”倡议和国际合作的需要，结合古代陆海丝绸之路的走向，丝绸之路经济带有三大走向：一是从中国西北、东北经中亚、俄罗斯至欧洲、波罗的海；二是从中国西北经中亚、西亚至波斯湾、地中海；三是从中国西南经中南半岛至印度洋。21世纪海上丝绸之路有两大走向：一是从中国沿海港口过南海，经马六甲海峡到印度洋，延伸至欧洲；二是从中国沿海港口过南海，向南太平洋延伸。在如此广阔的地域空间建设人类利益共享的联合体，在历史上还未曾有过。联通古今，历史和文化聚同；联通全球，视野和利益求同。“一带一路”的共建就是古今中外的智慧联通。

“共建‘一带一路’以政策沟通、设施联通、贸易畅通、资金融通、民心相通为主要内容。”“五通”是“一带一路”建设的基本路径，也是中国智慧和世界智慧联通的具体路径。“一带一路”与俄罗斯提出的欧亚经济联盟、东盟提出的互联互通总体规划、哈萨克斯坦提出的“光明之路”、土耳其提出的“中间走廊”、蒙古国提出的“发展之路”、波兰提出的“琥珀之路”等协同共进，是政策沟通的结果，也是智慧碰撞的成效。中国与印尼、老挝合作的雅万高铁、中老铁路等项目，中国与巴基斯坦、希腊合作的瓜达尔港、比雷埃夫斯港顺利运营。这种设施联通的背后是双方智慧的对接和融合。贸易畅通需要理念的统一、规则的共通，每打通一个环节，都是双方智慧的提升。资金融通汇聚和流动的是货币，挑战的是融资瓶颈，无论是投资还是融资，都得依靠双方的沟通、交流。民心相通直面文化和精神领域，促进各国的人文交流，促进各国人民的相互了解，这是“五通”中最为重要的，因为民心相通使各国人民心意和智慧相通，直接铸就“一带一路”的民意基础和社会基础。

“共建‘一带一路’为构建人类命运共同体提供了新的助力。”“一带一路”的包容性和开放性，体现出构建人类命运共同体的理念。经济全球化给世界带来了美好，也带来了困惑。“面对经济全球化带来的机遇和挑战，正确的选择是，充分利用一切机遇，合作应对一切挑战，引导好经济全球化走向。”中国智慧倡导“和为贵”“协和万邦”，强调“己欲立而立人，己欲达而达人”。“一带一路”倡议引领包容性全球化，为经济全球化的发展提供富有中国智慧的解决方案。包容性全球化强调共商共建共享，追求普惠和均衡，激发世界各国人民的智慧，让世界各国人民因为合作共赢过上更加美好的生活，让世界各国因为责任共同体、利益共同体而走向命运共同体。

三、为共建“一带一路”汇聚更多的世界智慧

要进一步吸纳世界智慧，进而联通世界智慧，最佳路径就是

从域外视角来观察和思考问题，域外视角是学习世界智慧的好方法。“一带一路”的核心是对接各国的发展战略，促进区域的基础设施建设和互联互通，实现共同繁荣。因此，参与共建的各国不能只考虑本国的利益，还要考虑他国利益和区域利益；不能固守本国的理念，还要理解和尊重他国的理念。对于中国来说，就要把中国的愿景与“一带一路”沿线国家共同的愿景相结合，把中国的利益与“一带一路”沿线国家共同的利益相结合。共建“一带一路”要求我们不能局限于从中国的视角来看问题，要学会从域外视角、从人类命运共同体的视角来看问题。其他国家的政府、商界、学界、民众关于“一带一路”的理解与认识，以及一些国际组织、区域性组织对“一带一路”的看法都是加深我们对“一带一路”认识的域外视角。通过这些域外视角了解国际社会复杂的观点和诉求，是深入研究“一带一路”必走的一步，深入理解其中蕴含的智慧更是共建“一带一路”不可或缺的。

2017 年 5 月，在“一带一路”倡议提出将近 4 年之际，首届“一带一路”国际合作高峰论坛在北京举行，包括圆桌峰会和 6 个分论坛，29 位外国元首和政府首脑出席，来自 140 多个国家和 80 多个国际组织的 1600 多名代表与会。与会领导人和代表充分交流，分享政策实践和合作体会，产生了 270 多项合作成果。2023 年 10 月，第三届“一带一路”国际合作高峰论坛在北京召开，圆桌峰会以外，分论坛增加到 12 场，另外还举办了一场企业家大会。这届论坛包括 23 位外国领导人、联合国秘书长、3 位领导人特别代表在内的 151 个国家和 41 个国际组织的代表与会，注册总人数超过1万人。会议进一步扩大了共识，形成了458项成果，包括一份多边合作成果文件清单和一份务实合作项目清单，是共建“一带一路”进程中又一个重要的里程碑。

“一带一路”国际合作高峰论坛提供了倾听各国政府声音的场所，要更深入地了解国际社会对“一带一路”的认识，还需要倾听来自民间的声音。这就需要了解各国智库的观点，需要了解各国学界、商界、民众的心声，需要了解一些区域组织和国际组织的看法，还需要了解相关区域和国家经济、文化、教育、科技等方面的现状及其对接“一带一路”的路径。

“一带一路”倡议提出以来，国内学术界从政治、经济、文化和历史等领域对“一带一路”展开了研究，推出了一大批关于“一带一路”的研究著作，掀起了国内研究“一带一路”的热情。但是，国内学术界对国外“一带一路”研究成果的了解不够，国外相关研究成果仅散见于论文、著作中，缺乏系统的反映。事实上，“一带一路”倡议一经提出便引起了各国智库的重视，相关成果已经比较丰富。美国的卡内基国际和平基金会、兰德公司、布鲁金斯学会、外交关系协会等智库机构对“一带一路”倡议极为关注，它们透过美国亚太再平衡战略的多棱镜，从不同视角对中国与“一带一路”相关国家的关系进行探讨。尽管美国至今仍置身于“一带一路”之外，而且对“一带一路”的评价常常不怀好意，但是美国对“一带一路”一直保持着很高的关注度。俄罗斯的智库战略和科技分析中心发表了一系列“一带一路”研究报告，态度比较平和务实。印度有多家智库机构如全球关系委员会、和平与冲突研究所、国家海事基金会、南亚分析集团等也都在密切关注“一带一路”，尤其关注中印关系发展以及两国与南亚的关系发展问题。英国国际战略研究所、德国基尔世界经济研究所、荷兰国际关系研究所、瑞典安全和发展政策研究所、比利时布鲁盖尔研究所、土耳其国际战略研究机构、以色列国家安全研究院、巴基斯坦伊斯兰堡政策研究中心、加拿大地缘政治监控中心、澳大利亚洛伊国际政策研究所、新加坡李光耀公共政策学院、哈萨克斯坦战略研究所等数十家国外智库机构也都着眼于“一带一路”倡议背景下的世界战略、安全、经济前景研究。同时，各国大学中致力于中国研究的学者也活跃于“一带一路”研究领域，纷纷撰文著书，表达他们关于“一带一路”的观点。随着共建“一带一路”的推进，国外“一带一路”研究成果也越来越丰富。

基于“为国内研究‘一带一路’提供域外视角，为建设‘一带一路’提供域外智慧”的宗旨，我们编译出版《国外“一带一路”研究译丛》。该译丛选取国外研究“一带一路”的最新著作、论文和研究报告，内容包括国外对“一带一路”的认识和看法、国外对“一带一路”建设的研究、国外对“一带一路”沿线国家和地区的研究等。《国外“一带一路”研究译丛》的出版，将拓展国内“一带一路”研究的视野，为国内“一带一路”的研究提供“他山之石”，为推进“一带一路”建设提供智力支持，助力中国话语体系的构建和国际话语权的提升。

“一带一路”倡议自 2013 年提出以来，越来越被国际社会所接受。根据中国一带一路网（www.yidaiyilu.gov.cn）提供的数据，10 多年来，有 150 多个国家和 30 多个国际组织与中国签署了200多份共建“一带一路”合作文件；10多年来，中国与“一带一路”沿线国家在港口、铁路、公路、航空、电力、通信等领域开展了大量合作，迅速提升了相关国家的基础设施水平，成果超出预期。中国与“一带一路”沿线国家的贸易和投资保持了强势增长，超出了中国对外贸易和投资的平均水平。截至2024年7月，亚投行成员已经达到109个，包括96个正式成员和13个意向成员。到2023年10月，中国与共建“一带一路”国家共建立了1577对友好城市。

“大道之行，天下为公。”共建“一带一路”，是当今国际社会构建人类命运共同体的伟大实践。“一带一路”建设之所以能够得到沿线各国的共同参与，并取得如此迅速的发展，是因为它是汇聚了世界智慧的中国方案。随着越来越多的国家和人民的热情参与，联结世界、和平兴盛的丝绸之路必将重现人间。

蒋洪新　尹飞舟

2024年10月于长沙

译者前言

2023 年 10 月 18 日，习近平主席在第三届“一带一路”国际合作高峰论坛开幕式的主旨演讲中说：“我们深刻认识到，和平合作、开放包容、互学互鉴、互利共赢的丝路精神，是共建‘一带一路’最重要的力量源泉。我曾经讲过，古丝绸之路之所以名垂青史，靠的不是战马和长矛，而是驼队和善意；不是坚船和利炮，而是宝船和友谊。共建‘一带一路’注重的是众人拾柴火焰高、互帮互助走得远，崇尚的是自己过得好、也让别人过得好，践行的是互联互通、互利互惠，谋求的是共同发展、合作共赢。不搞意识形态对立，不搞地缘政治博弈，也不搞集团政治对抗，反对单边制裁，反对经济胁迫，也反对‘脱钩断链’。”习近平主席的这段话以深邃而生动的语言，概括了“一带一路”倡议的核心内涵、文明传承和精神价值。

2023 年是“一带一路”倡议提出十周年。经过十年的努力，“一带一路”倡议已经从愿景变成实景，从规划变为现实。十年中，参与“一带一路”倡议共建的成员不断增多，从亚欧大陆延伸至非洲、拉美，参与共建的国家达 150 多个，参与共建的国际组织有 30 多个。十年来，“一带一路”倡议以经济走廊为引领，以基础设施建设为依托，促进了全球互联互通，促进了各国商品、资金、技术和人员的大流通，中国与共建国家进出口总额累计达到 19.1 万亿美元，年均增长 6.4%，与共建国家双向投资累计超过 3800 亿美元。十年的共建，使相关国家增强了减贫能力。世界银行预测，共建“一带一路”相关投资有望使共建国家 760 万人摆脱极端贫困，3200 万人摆脱中度贫困。十年里，中国与共建国家积极开展文化、旅游、教育、媒体和智库等领域合作，夯实了“民心相通”的社会基础。

共建“一带一路”涉及国家如此之多、涉及人口如此之众、涉及领域如此之广，这在人类历史上是空前的。正因为如此，“一带一路”共建必然给当前的国际格局和国际地缘政治带来重大变化，所遇到的阻碍和困难必然是巨大的。“一带一路”共建给世界带来巨大发展空间，成为解决人类社会发展问题的重大举措，成为构建人类命运共同体的重大实践，其蕴含的思想价值是深远的。

“一带一路”倡议的这些独特品质、现实环境和深远意义在约翰·约书亚博士的《“一带一路”倡议和全球经济》中有比较充分的学术阐释。该书以一个外国经济学学者的眼光，对“一带一路”倡议的经济政策对国际贸易的影响、对国际地缘政治的影响以及与国际组织的互动关系做了深入探讨。《“一带一路”倡议和全球经济》分两卷，第一卷探讨国际贸易和经济发展，第二卷探讨变化中的国际金融体系及其对全球经济的影响。本书是第一卷。

本书有五个方面的内容。首先是对“一带一路”倡议的经济政策的分析，阐明“一带一路”倡议的宗旨和目标。通过阐述中国的“走出去”政策、“华盛顿共识”、“北京共识”和国家主导的发展模式，引出对中国特色全球化的讨论。作者认为，中国的政策是实现中国梦和构建命运共同体的一种尝试。其次是对“一带一路”倡议对全球贸易的巨大促进作用的阐述，阐明了加强区域一体化对国际贸易的重要性以及中国与全球不断变化的贸易关系。再次是对基础设施建设对经济增长的重要性的论述，认为改善基础设施可以消除阻碍经济发展的各种瓶颈，但是基础设施项目的可行性评估对于项目的成功实施非常重要。项目的成本效益分析不仅包括经济条件评估，还必须包括对项目的政治风险的评估。然后是对大多数“一带一路”倡议项目及其经济贡献的介绍，分区域介绍了全球的“一带一路”倡议项目，包括北海航线、欧洲和欧亚连接线、东亚四国（中国、日本、韩国和朝鲜）、东南亚地区、南亚和中巴经济走廊、中东、非洲大陆以及拉丁美洲的项目。最后是对国际组织在“一带一路”倡议实施中的影响分析，分别对亚洲基础设施投资银行、上海合作组织、布雷顿森林机构（国际货币基金组织和世界银行）、世界贸易组织、金砖国家的作用和影响等进行阐释。

作者对“华盛顿共识”与“北京共识”做了比较和解读。他认为，“全球金融危机之后，华盛顿共识的影响力逐渐削弱”，“北京共识的重要性与日俱增，将发生经济和政治影响”。可以这么说，本书详尽的数据引证与深入的学理研讨，能使读者理解习近平主席多次谈到的，“放眼世界，我们面对的是百年未有之大变局”。

本书作者约翰·约书亚博士在澳大利亚和中国为本科生和研究生讲授经济学和会计学多年，同时获得蒙纳士大学（Monash University）的社会学博士学位、墨尔本大学（The University of Melbourne）的教育学博士学位以及迪肯大学（Deakin University）的经济学博士学位，学术背景丰富。他的研究方向是新兴经济体的结构转型及其所带来的经济、社会和教育方面的影响。近年来，约翰·约书亚博士高度关注中国经济，几乎每年都有研究中国经济的著作问世。他撰写的关于中国经济的著作有：《人力资本对中国经济增长的贡献》（2015）、《中国的经济增长：走向可持续发展与社会公平（Ⅰ）》（2016）、《中国的经济增长：走向可持续发展与社会公平（Ⅱ）》（2017）、《“一带一路”倡议和全球经济（Ⅰ）》（2019）、《“一带一路”倡议和全球经济（Ⅱ）》（2019）。

本书是我们师生合作翻译的作品。我的博士研究生乐国斌因为还有其他重要的翻译任务，只翻译了第 1 章；硕士研究生李丽丽翻译了第 2 章、第 3 章、第 4 章；硕士研究生周艺文翻译了序、第 5 章、第 6 章、第 7 章、第 8 章和后记。我对本书的选题进行了审读把关，对全书的翻译进行了审校和统稿。本书关于“一带一路”倡议的资料数据只更新到 2019 年，为了便于读者的深入理解，我们以“译者注”的形式对部分相关资料数据作了更新。

湖南师范大学翻译传播研究所所长　尹飞舟

Contents 目录

C o n t e n t s 目录

序

《“一带一路”倡议和全球经济》的第一、二卷采用兼容并蓄的研究方法，将经济理论、经济史和国际关系等主题联系在一起展开讨论。第一卷聚焦国际贸易和经济发展，第二卷则讨论不断变化的国际金融体系及其对全球经济的影响。

第一卷首先分析了“一带一路”倡议的经济政策，阐明“一带一路”倡议的宗旨和目标。通过讲述中国的“走出去”政策、“华盛顿共识”、“北京共识”和国家主导的发展模式，引发对具有中国特色的全球化的讨论。中国的政策是实现中国梦和构建命运共同体的重要环节。在详细分析中国的政策之后，第一卷对与“一带一路”有关的经济发展理论进行了分析，特别是经济增长理论、比较优势理论和全球化理论。然后，对多样化与专业化，创造性、破坏性和防御性创新以及中国向高科技转型等争议性话题展开了讨论。

接下来，第一卷阐明了“一带一路”倡议对区域一体化和发展贸易的重要性，着重强调了区域一体化是如何促进经济发展的。作者认为，要想发展经济，就必须减少经济发展中的各种差距。

第一卷探讨了中国不断变化的与全球的贸易关系。在深入分析经济发展的相关理论之后，本卷对基础设施建设如何促进经济增长及社会发展进行了探讨。本卷关于后向联系和前向联系的讨论凸显了基础设施的重要性——基础设施可以用来消除可能阻碍经济发展的各种瓶颈。本卷还指出了金融深化[①]对经济发展的重要性，同时指出投机性投资可能促进经济增长和导致发展的不稳定性。项目可行性评估对于项目的成功实施非常重要，然而这种成本效益分析不能仅限于实现项目的经济条件，还必须对项目政治风险进行评估，因为政治风险可能会压垮项目，哪怕它们在经济上是可行的。

本卷对大部分“一带一路”项目及其经济贡献都做了详细说明，分节讲述了每个地理区域的“一带一路”倡议项目，这些项目遍及各大洲（南极洲除外）。分别讨论了北海航线、欧洲和欧亚连接线、东亚四国（中国、日本、韩国和朝鲜）、东南亚地区、南亚和中巴经济走廊、中东、非洲大陆以及拉丁美洲的项目。

国际组织对“一带一路”倡议的成功实施将产生相当大的影响，因此本卷也对部分国际组织进行了分析，分别是亚洲基础设施投资银行、上海合作组织和布雷顿森林机构（国际货币基金组织和世界银行），并详细讨论了世界贸易组织和金砖国家（巴西、俄罗斯、印度、中国和南非）。第一卷的后记着重阐述“一带一路”倡议的发展前景以及面对的挑战。

---

① 金融深化亦称金融自由化理论。该理论认为，要想使经济得到发展，就要重视金融对国民经济的影响，发挥金融对经济的促进作用，放弃“金融压制”政策。——译者注

第二卷分析了不断变化的国际金融体系，并具体介绍了国际储备货币和汇率，详细讨论了 2008 年至 2009 年的全球金融危机，将其视为改革的前兆，引出关于人民币国际化的争议以及关于美元的下跌分析，还详细阐明了美元的衰落和人民币的国际化是全球经济和金融力量转移的必然结果。

由于经济增长对环境影响很大，因此第二卷对国际经济增长对环境的影响展开了讨论，内容主要包括贸易自由化与环境退化和人类健康之间的冲突，贸易政策和政治决策过程在环境保护方面的针对性研究，以及可再生能源和能源安全政策及其影响。

第二卷随后深入剖析了“一带一路”倡议对中国经济的影响，包括“一带一路”倡议如何开发新市场和带来新的投资机会（这是“一带一路”倡议的主旨），还特别探讨了“一带一路”倡议与中国经济增长的联系，以及“一带一路”倡议将如何影响共建国家的经济以及全球经济。中国正在走向创新前沿，这会影响中国的出口，进而影响中国经济的全球化。值得一提的是，“一带一路”倡议带来的收益预计不会被平均分配。

在分析完“一带一路”倡议对中国经济带来的影响之后，第二卷探讨了“一带一路”倡议对共建国家国内经济的影响，包括中国在非洲大陆的贸易和投资，中国在欧亚大陆的贸易活动，中国在欧洲的投资和贸易活动，以及中、日、韩、俄四方内部的相互关系。此外，还探讨了中国对东南亚经济的影响以及中国与南亚、中东和南美之间的贸易带来的影响。

第二卷详细描述了当前经济力量向新兴经济体的转移情况，特别指出“一带一路”倡议在经济力量转移过程中发挥着重要作用，预计该倡议将对全球经济产生重大影响，并有可能促成全球范围内的经济转型。随后对有关融合与多元化的各种争论进行了分析，并对重力模型与区域经济增长之间的关系进行了分析，还对“雁行模式”和“领头龙”以及新型全球生产网络进行了详细分析。

“一带一路”倡议将对国际关系产生重大影响。第二卷在探究国际关系时首先介绍了贸易依存度和政治依存度的概念。“一带一路”倡议被视为一种全球化力量，正在引发各国的反作用力，第二卷对此进行了深入剖析，并对以下内容进行了讨论：当前的保护主义倾向、维护霸权的制裁政策以及阻止中国崛起的多重贸易争端。随后，讨论了“一带一路”倡议在国际关系中引发的争议以及如何从历史的角度来看待国家的兴衰等问题。第二卷还分析了全球范围内国力的转移为何导致军费的增加，认为国力的转移可能是意识形态和经济政策失败的结果。

第二卷的后记指出了当前全球范围内国力转移的前景和挑战。“一带一路”倡议旨在推动实现中国梦。“一带一路”倡议要想取得成功，必须融入共建国家的想法。许多“一带一路”共建国家需要投入资金，解决瓶颈问题，而不仅是通过建设基础设施来获取资源，还要防止资源开发的反噬。因此，“一带一路”倡议必须在共建国家之间进行协调。

“一带一路”倡议预计将改变地缘政治和地缘战略关系，并很可能改变全球治理体系。西方经济体正在衰退，因此需要对其经济进行结构性变革，改变发展模式，实现可持续的经济发展，摆脱新自由主义意识形态。“北京共识”的重要性与日俱增，将产生经济和政治影响；“华盛顿共识”正在衰落，世界秩序正在从单极走向多极。全球经济正处于转折点，视野不断变化。这种转变会给变革带来机会，但如果把握不好，就会出现难以预料的危险。当今时代很有意义，充满了挑战和希望。如果没有挑战，也就不会有希望。未来发展的关键在于如何应对挑战。

约翰·约书亚

于中国抚顺

第 1 章　绪论

第一卷介绍了“一带一路”倡议及其开展的多个项目，探讨了“一带一路”倡议对经济发展的贡献以及对国际贸易和国际金融机构的影响。“丝绸之路经济带”和“21 世纪海上丝绸之路”，简称“一带一路”（BRI）。本卷不仅具体介绍了“一带一路”倡议的多个项目，还将各种经济发展理论与“一带一路”倡议的实践相结合，深入研讨了经济发展理论，从而说明“一带一路”倡议对经济增长的重要性。

本卷与第二卷的所探讨的地域远远超越了古代丝绸之路的范围，因为当前的“一带一路”倡议遍及全球各大洲，在经济、地缘战略，乃至政治方面有着很大的影响，比如在南美洲和非洲大陆的巨额投资。作者对古代丝绸之路并没有忽视，但主要精力聚焦于当前的“一带一路”倡议，旨在凸显该倡议在众多经济体发展过程中的重要性及其对国际关系的影响。古代丝绸之路的重要性已然得到公认，过分强调其作用会分散人们对“一带一路”倡议重要性的关注。本卷与第二卷都集中研究“一带一路”倡议，认为它是从单极世界秩序向多极世界秩序转变的先声。

中国的“走出去”政策，目的是为中国的出口寻找国际市场，第十个五年规划（2001—2005年）为“一带一路”倡议作出了重大贡献。其他的五年规划，如“十一五”规划（2006—2010年）和“十二五”规划（2011—2015年）进一步挖掘了“一带一路”倡议的潜力。

本卷与第二卷的核心是分析“一带一路”倡议并说明它在全球经济中的重要性。第一卷分析与“一带一路”倡议有关的贸易和经济发展问题，第二卷分析变化中的国际金融体系以及这些变化带来的影响。这些分析涉及多个学科领域，因为经济决策一般是在一个政治框架内做出的，该框架既有法律意义，也有社会影响。两卷书主要关注“一带一路”倡议产生的经济影响，但也详细分析其在政治、社会学和法律方面产生的影响。仅从一个方面对“一带一路”倡议进行分析将会是局部的、有限的，需要采用多学科的方法来更全面地分析“一带一路”倡议的功能和运作。此外，作者在这两卷书中还深入探讨了与经济增长和经济发展有关的各种经济理论，分析了这些经济理论与“一带一路”倡议的关系。由于理论与实践之间存在着相互促进的关系，本卷探讨了各种经济理论在实践中是如何运用的。

“一带一路”共建国家有着不同的经济体制，并以多种方式相互联系，因此在应用合适的经济理论之前，必须考虑共建国家的经济状况。没有哪种经济理论可以适用于所有的国家。如果不考虑共建国家的具体经济条件，就不能采用合适的经济理论。因此，经济理论必须适应具体国家的经济条件。

“一带一路”倡议是全球性的。如果不把它与国际金融体系的运行和改革以及如何促进国际贸易和经济发展联系起来，就无法讨论它对全球经济的影响，包括中国的国际贸易关系，以及“一带一路”倡议的推进对中国经济、共建国家经济和全球经济的影响。

如果“一带一路”倡议能成功实施，它将会对不同经济体的兴衰产生相当大的影响，最终推动在全球经济体和国际关系中建立一个新的世界秩序。因此，在正确评估“一带一路”倡议之前，有必要详细讨论经济和金融理论。“一带一路”倡议实质上是一个全球性的项目，它旨在加强经济体之间的相互联系。“一带一路”基础设施项目需要充分论证才能加以实施，从而促进经济体之间的相互关联。

中国是一个新兴大国。通过实施“一带一路”倡议，中国走在了全球化的前沿，而衰落的大国则试图设置关税壁垒。本卷将详细讨论“一带一路”倡议成功实施的意义，不仅对“一带一路”建设项目和共建国家的经济发展情况加以描述，还将分析它给全球经济和政治带来的变化。当然，反对“一带一路”倡议的国家可能出台各种政策试图干扰“一带一路”倡议的成功实施，这些政策，连同成功实施“一带一路”倡议的政治意义都是本书探讨的内容。

“一带一路”倡议的宗旨和含义比它的名称更重要。“一带一路”倡议是为了促进共建国家之间的相互联系，本卷中提到的“一带一路”倡议比古代的“丝绸之路”概念要宽泛得多，其辐射范围已经扩展到全球各大洲。因此，本卷中提到的“一带一路”倡议比传统的“丝绸之路”概念更为宽泛。

本卷讨论的是中国在全球范围内的项目，远不止那些位于古丝绸之路地理范围内的项目，它描述了全球范围的、旨在加强共建国家之间联系的基础设施建设。此外，本卷还分析了北海航线等替代航线，因为这些航线与“一带一路”倡议相互关联。

在介绍“一带一路”倡议在多个地区的各种项目之后，本卷将分析基础设施的发展是如何促进经济增长的，因为“一带一路”倡议会对全球经济产生深远影响。本卷将讨论国际贸易和金融组织，以及与“一带一路”倡议相关的国际金融机构。最后，本卷的结语将进一步阐述“一带一路”倡议对全球贸易的重要性。

现在，学术界也有一些与本卷立场相反的观点，包括中国最终会崩溃的言论（Chang 2001）。2001 年，章家敦提出，中国现行的政治和经济制度最多只能维持五年。这里面有一种误解，就是把中国的政治看成静止不变的，无法适应新的经济和政治环境。实际上，亟须采取的改革已经实施，而且可能还会有更多此类改革。章家敦又提出，中国将在 2021 年崩溃。事实是，尽管中国的经济增长速度已经有所放缓，却比以往任何时候都强大。

以下是本卷每章的摘要。

第一章详细介绍了全书的主要论题。本卷将经济发展的各种理论与“一带一路”倡议实践相结合，对经济发展理论进行了详细的讨论，阐明了“一带一路”倡议对经济增长的重要性，介绍了通过“一带一路”倡议实现的区域贸易一体化情况，随后还提出了促进共建国家之间的互联互通以及基础设施建设方面的各种要求。本卷在详细介绍基础设施项目的基础上，介绍了与“一带一路”建设有关的国际贸易、金融组织和金融机构。

第二章将讨论各种经济政策及其影响，其中包括对中国“走出去”政策的详细分析。中国注重出口增长，现在采取的是“走出去”政策。中国经济增长速度较快，国内消费不断增长，需要充足的资源。本章论述了中国“走出去”政策对中国经济发展的重要性。将“华盛顿共识”与“北京共识”进行了比较，分析了促进经济发展的两种不同政策。本章认为关于国家干预经济的理论需要重新评估，国家主导的经济发展战略可以与日益增长的私营企业相结合。本章将详细讨论国家干预经济的情况，并认为“一带一路”倡议项目的实施离不开政府的支持；想要成功实施“一带一路”倡议促进共建国家之间的互联互通需要国家干预和政府投资，尤其是在基础设施建设方面。此外，本章还将介绍发展中经济体开展改革所需的各种政策，认为经济增长和经济发展方面的理论需要进行经济模式转变，以促进可持续的经济发展。恰当的政策设计需要对经济发展情况进行分析。经济发展的开启与维持之间存在区别，这一点也应该进行探讨。以上内容有助于分析中国特色的全球化和中国借以实现中国梦和命运共同体的政策。中国提出了“命运共同体”这个概念，本章将讨论这一点，特别是如何实施相关项目。本章还将讨论实现中国梦和全面建成小康社会的政策，及其对收入分配的影响。

第三章将讨论与“一带一路”倡议相关的各种经济发展理论，详细阐述经济发展的过程以及经济发展的各种增长理论。转型过程和过渡过程不同：就转型而言，其结果是未知的；就过渡而言，其结果是已知的。有人认为，发展中国家所处的是转型过程，不是过渡过程。这一章将详细介绍这些过程。经济发展战略还必须分析发展中国家的二元性，因为这些国家一般都有传统部门和现代部门，并据此制定政策。同时，文化在促进经济持续发展方面的重要性也会被讨论到。本章会论及"一带一路"倡议的各个共建国家描述经济发展的多学科性和多维性，其内容包括阻碍这些国家经济发展的各种差距，如基础设施差距、一体化差距、收入差距，以及用以减少这些差距的政策。

"一带一路"倡议将为南亚、东南亚、中东、地中海、北非、东非、南美地区以及中国的经济增长和发展提供机遇。本章分析了经济发展背后的各种经济理论，如古典增长理论和新古典增长理论、物质资本和人力资本积累理论以及技术变革贡献理论，探讨了这些理论如何被用于介绍经济发展，特别是在必要的基础设施建设方面。

本章也详细论述了中国经济发展的阶段和过程，包括中国比较优势的变化和中国走向国际市场的过程。不同的政策适合不同的经济发展阶段。只要有适当的政策，就可以跨越某些阶段，加快发展进程。经济发展历经多个阶段，因而需要多种理论加以阐释。

第三章阐述了经济发展的多样化和专业化问题，以及创新在经济发展中的重要性，此处的创新涵盖了创造性的、破坏性的和防御性的创新。本章分析了中国向高科技转型的发展方向，包括中国的"中国制造 2025"。最后探讨了经济发展战略问题。通过各种技术的创新和应用，中国的竞争力日益增强。本章分析了创新和新技术的贡献及其对国际贸易的影响，将赫克歇尔－俄林模型

(Heckscher-Ohlin Model)[①] 与比较优势理论一起讨论，并描述赫克歇尔-俄林模型与“一带一路”倡议项目之间的关联。有人认为，赫克歇尔-俄林模型无法解释高收入国家之间的贸易，原因是该模型是基于各国的资源差异而建立的。

第四章分析了通过贸易实现区域一体化的过程，以及如何通过区域一体化来加强经济发展，而“一带一路”倡议则有望促进区域一体化。区域一体化的程度大体上决定了贸易的发展情况。这一章讨论了区域一体化产生的差距会如何阻碍贸易，同时阐明了开放程度和制度差距的重要性。在以上问题研讨的基础上，分析了中国的全球贸易关系。

本章对中国主导的“一带一路”倡议和俄罗斯主导的欧亚经济联盟（EAEU）做了介绍，并探讨了“一带一路”倡议以及欧亚经济联盟如何产生协同增效作用。本章详细讨论了贸易创造和贸易转移，并讨论了各国如何从廉价劳动密集型产品的生产转向资本密集型和技术先进型产品的生产，从而获得比较优势。本章讨论了“一带一路”倡议成员国的贸易结构，分析了其与中国的贸易，以及各国之间的贸易情况。

第五章讨论了“一带一路”倡议的基础设施建设将如何促进经济增长，分析了后向和前向联系对经济发展的重要性，以及这种联系如何克服经济发展中的障碍。接下来，还将讨论基础设施建设如何消除经济发展的瓶颈，从而促进区域一体化。此外，本章还讨论了成本效益分析对项目可行性评估的重要性。在“一带一路”建设

① 赫克歇尔-俄林模型又被称作生产要素供给比例理论，其主要内容是用生产要素禀赋来介绍国际贸易发生的原因和进出口商品的特点。——译者注

项目中，这种分析不仅必须考虑经济因素，还必须考虑可能的无形因素，例如潜在的政治风险。目前，“一带一路”基础设施建设项目在各个共建国家之间分布不均，它们将加强这些国家之间的互联互通。一旦这些基础设施项目竣工，“一带一路”共建国家将增加彼此间的贸易联系，特别是与中国的贸易联系。中国的钢铁产量占全球钢铁产量的一半以上，使用大量的铝、铜、铁矿石和大量进口的石油。“一带一路”倡议旨在建立一个由多个国家组成的自由贸易区。由于基础设施建设遍及多个国家，它们将不得不进行协调，优化各国之间的关系。截至 2018 年，已有 100 多个国家和国际组织签署了合作协议，加入“一带一路”倡议。“一带一路”最初从欧亚大陆开始，逐渐向中东、非洲、加勒比海、南太平洋延伸，一直到拉丁美洲的乌拉圭。

第六章讨论了重要的基础设施对不同区域经济发展的贡献，如北海航线、欧洲和欧亚连接线、东亚四国（中国、日本、韩国和朝鲜）、南亚与中巴经济走廊、中东、非洲大陆、拉丁美洲。由此看来，当前的“一带一路”倡议远远超越了古代丝绸之路，它对全球贸易、国际关系都具有重要意义。本章将介绍遍布五大洲的“一带一路”共建国家为增进必要的相互联系、创造贸易而实施的主要基础设施项目。中国的基础设施已然优于收入水平相当甚至更高的其他国家，因此通过以往积累的基建经验，中国可以为“一带一路”沿线国家和地区的基础设施建设作出巨大贡献。

“一带一路”建设包含公路、铁路管道和多个深水港建设。这一章概述了各种项目，并分小节介绍了不同地理区域的“一带一路”建设项目。

1. 从俄罗斯的杰日尼奥夫角到摩尔曼斯克港的北海航线：穿过北冰洋，西起巴伦支海，东至连接大西洋和太平洋的白令海峡。北海航线是众多“一带一路”建设项目的补充。

2. 欧洲和欧亚连接线：俄罗斯远东地区拥有丰富的自然资源，如铁、铂、锌、锰和煤。中国加强了与俄罗斯的联系以获得原材料供应，特别是石油供应。库页岛预计将向亚洲市场出口天然气和石油。

3. 东亚四国（中国、日本、韩国和朝鲜）：未来的地缘政治变化可期，如果这四个国家携手，其经济潜力相当巨大。

4. 东南亚地区：“一带一路”倡议在东南亚有各种基础设施建设项目。孟中印缅经济走廊有望连接中国的昆明和印度的加尔各答。本章还将介绍连接中国云南和孟加拉湾输油的管道。

5. 南亚和中巴经济走廊：巴基斯坦电力需求大，却供应短缺，缩小电力供需差距将促进巴基斯坦的经济发展。如果印度选择不参加“一带一路”倡议，其经济将遭受相当大的损失。中国海外港口控股公司经营着巴基斯坦的瓜达尔港，租期为43年。瓜达尔港是“一带一路”倡议陆上部分和海上部分之间的重要纽带。位于巴基斯坦俾路支省的瓜达尔港将通过公路与中国新疆的喀什相连接。本章还介绍了青藏铁路以及中国在巴基斯坦的基础设施建设项目。

6. 中东：伊朗-叙利亚管道的建设预计将通过土耳其延伸至欧洲，此举将降低石油美元的重要性。伊朗将可以向欧洲供应天然气。中东和非洲至中国的运输也可以避开马六甲海峡。马六甲海峡对中国而言不太保险，尽管南海是中国重要的、战略性的贸易走廊。

7. 非洲大陆：建设蒙巴萨—内罗毕标准轨距铁路的目的是整合非洲东部地区。另一条走廊将连接吉布提、肯尼亚、坦桑尼亚和莫桑比克，通往红海，一直延伸到东南欧和中欧。这些项目有望促进非洲的经济发展和区域一体化。

8. 拉丁美洲：巴西和秘鲁港口之间的两洋铁路被作为巴拿马运河的替代线路。它将连接智利的太平洋沿岸和阿根廷的大西洋沿岸。

第七章将讨论国际贸易和金融组织的重要性及其对“一带一路”倡议的贡献。本章开始部分详细介绍了亚洲基础设施投资银行（亚投行），接着分析了上海合作组织（SCO）的功能和运作情况，以及上海合作组织和金砖国家之间的关系。

亚投行是一家多边发展银行，其成立的部分原因是为了应对世界银行和国际货币基金组织内部反应迟缓问题。亚投行的目的是通过基础设施建设促进实质性的经济增长和发展。相较于其他国际金融机构，亚投行能为“一带一路”建设的大型投资项目提供更多的资金。上海合作组织成立于 2001 年，创始成员国为中国、哈萨克斯坦、吉尔吉斯斯坦、俄罗斯、乌兹别克斯坦、塔吉克斯坦。该组织的宗旨之一是鼓励成员国在政治、经贸、科技等领域的有效合作。

本章也详细分析了国际货币基金组织（IMF）和世界银行以及其他金融机构的组织结构和职能，主要包括新开发银行（NDB）、丝路基金、中非发展基金和中国进出口银行。国际货币基金组织的配份每五年根据全球经济的变化情况接受一次审查，该配额制度 2010 年进行了改革，让份额向新兴经济体倾斜超过 6%，而中国目前是第三大股东。有人认为，国际货币基金组织制定的强制贷款条件不合适，国家越穷，国际货币基金组织制定的强制贷款条件就对其越有害。本章也将分析储备货币的重要性，介绍了汇率制度的变革，包括特别提款权（SDR）。本章还讨论了人民币升值的重要性，并对中国汇率制度进行了分析。本章还分析了世界贸易组织的职能和运作规则，分析了世界贸易组织对中国经济以及中国与其他国家贸易关系的影响，还分析了世贸组织的治理结构与决策过程。经过15年的谈判，中国终于在2001年加入了世界贸易组织。

本章最后详细探讨了巴西、俄罗斯、印度、中国和南非组成的金砖国家经济联盟，包括金砖国家的职能和运作可能发生的变化。2000年以来，金砖国家对全球经济增长的贡献率约为40%。① 金砖国家在全球贸易中的出口份额已从1990年的3%增加到2011年的19%，预计其出口份额会进一步增加。若要打造多极的世界秩序，需要一个环环相扣的路径。金砖国家成员的数量预计将增加，很可能与塔吉克斯坦、墨西哥、泰国和埃及组成金砖国家扩大经济联盟。预计其他国家也会加入。

第八章是对全书的总结，强调了每章的主题。

后记阐明"一带一路"倡议的前景和面临的挑战。在我动笔撰写这本书的时候，"一带一路"倡议有70多个注册会员，现在已有100多个国家和国际组织参与了该项倡议。② 全球贸易关系正在快速变化，特别是经济和政治权力的分配由单极走向多极之际，撰写

① 根据《经济日报》2023年8月30日的文章《金砖国家成世界经济增长重要引擎》，金砖五国对世界经济增长的贡献率已经超过了50%。——译者注

② 截至2023年底，150多个国家、30多个国际组织签署了共建"一带一路"合作文件。——译者注

这本书是一项让人乐于接受的挑战，面对这样的挑战，我尽一切努力确保相关政策和“一带一路”倡议项目信息更新至2019年1月。

参考文献

Chang, G. (2001).The Coming Collapse of China. New York, NY: Random House.

Chang, G. (2012, November 1). The Coming Collapse of China.Foreign Policy.

第 2 章　经济政策、模式转变及其影响

2. 1 导论

本章结合当今的经济模式转变与影响讨论经济政策。“一带一路”倡议是中国“走出去”政策的一部分。“一带一路”倡议不仅与中国的投资和中国实施“走出去”政策的成果密切相关，其实施还凸显了“华盛顿共识”与“北京共识”之间的冲突，同时彰显了中国实施国家主导型经济发展模式的重要性。“一带一路”倡议显示出全球化发展进程具有中国色彩，其目的不仅是在中国国内，也是在共建国家之间构建命运共同体，正因为如此本章也将对中国梦进行讨论。

经济政策直接影响“一带一路”倡议的实施，因此要对其进行详细讨论。在详细阐述个别具体的经济政策之前，先要对中国政策做一个简要的概述。因此，本章首先讨论中国的“走出去”政策，然后阐释“华盛顿共识”和“北京共识”，接着讨论国家主导型经

济发展模式。这些分析将引出全球化这个“一带一路”最重要的概念。然而，本文的全球化概念与以往的全球化概念不同，文中的讨论更强调全球化蕴含的中国特色。最后讨论中国梦和命运共同体。

“一带一路”倡议正在成为一个成功实施的项目，将对单极世界秩序产生重要影响，因而遭到维护现有世界秩序的人群的抵制。结论部分将着重论述本章的重要问题。

中国的外交政策已经从“韬光养晦”转变为“中国回归”与“走出去”相结合，这就需要建设新型基础设施，以增强中国进出口市场的全球互联互通。“走出去”政策最早于21世纪初制定。随着中国地缘政治影响力的增强，尤其是对“一带一路”共建国家地缘政治影响力的增强（这个问题将在第二卷进行深入讨论），“一带一路”倡议的成功实施将带来国际关系的改变。

中国的“一带一路”倡议在国际上的影响与马歇尔计划实施的影响不能相提并论，因为两者的目标和影响没有可比性。马歇尔计划又称欧洲复兴计划，始于1948年，持续到1951年。其目的是将西欧各国完全纳入美国的轨道，增加美国的实力，抵制共产主义。其动机是美国势力进入欧洲，挤出苏联势力，并遏制德国。重建欧洲经济只是实现这三个目标的一种方式。马歇尔计划建立在反共的基础之上，纯属意识形态操作。参与马歇尔计划的罗斯托认为，这是“进攻的一部分，旨在加强对斯大林势力范围外地区的控制”（Harman 2008）。1948年至1951年间，马歇尔计划对受援国的援助贡献不足受援国国民收入总和的3%（DeLong and Eichengreen 1993）。相比共建“一带一路”的巨大规模来说，马歇尔计划只是一个规模很小的项目。乔姆斯基认为马歇尔计划是为了刺激美国经济增长，“促进美国企业出口的行为”（Chomsky 2002）。德隆和埃森格林将马歇尔计划描述为历史上最成功的项目，不知他们看到今天“一带一路”的时候又该如何表述。

“一带一路”的目标也不能与过去西方殖民主义的目标相混淆，因为后者在性质上属于帝国主义，这在中国的“百年国耻”中可以得到印证。“百年国耻”至今仍然留在许多中国人的记忆中，促使中国坚定不移地走“复兴之路”，这是中国梦的根本。

20 世纪 70 年代，中国提出“对外开放”政策，到 2001 年推出了“走出去”政策。在 2008—2009 年世界金融危机期间，依赖出口实现经济增长有着巨大风险。第十个五年规划（2001—2005 年）、第十一个五年规划（2006—2010 年）和第十二个五年规划（2011—2015 年）是执行这些政策的关键时期。

2008—2009 年世界金融危机以后，新自由主义主导下的“华盛顿共识”有所削弱，全球经济正从单极世界转向世界政治和国际治理的多极格局。经济发展政策明显出现了模式转变，“北京共识”成为中国经济发展模式的基础。“北京共识”将循序渐进地推进各项改革，并将继续依靠作为国民经济主导力量的国有企业。“华盛顿共识”与“北京共识”将形成对比，因为它们均对推进全球化产生影响。

中国各地区之间的经济发展不平衡给经济发展带来阻碍，因此加强基础设施建设以改善该地区和外部社会之间的互联互通对该地区经济发展至关重要。经济的可持续发展需要转变经济结构，需要精心设计包括产业政策在内的经济政策，从而提高国家的治理能力。

中国改变了以前的低调政策，已经成为一个经济、政治大国。全球化进程促进了国家之间的团结，缓解了国际矛盾和冲突。如今"中国回归"取代了以前的"韬光养晦"。中国有着不可能妥协的核心利益，如台湾、西藏和新疆的主权，还有经济发展的权益，而"一带一路"倡议，在2016年至2020年的"十三五"规划中占有重要位置。"一带一路"倡议的实施需要和平稳定的地缘政治环境，只有这样的国际环境才能促进互动、合作和共赢。

2.2 中国"走出去"政策

"十五"规划（2001—2005年）、"十一五"规划（2006—2010年）和"十二五"规划（2011—2015年），都强调了"走出去"政策。然而在"十三五"规划（2016—2020年）期间，重心转向了对"一带一路"共建国家的投资。"中国回归"理念取代了之前的"韬光养晦"策略。党的十九大宣布，中国人民可以期待"中国特色社会主义伟大胜利"。中国的经济转型不完全依赖市场力量，其中一部分原因是通过市场力量实现经济转型所需的资本成本过高、用时过长。因此，中国推出了产业政策，比如建立出口加工区、免税和补贴投资等，以提高参与经济转型企业的盈利能力。世贸组织的协议规定，不允许为出口提供补贴，欠发达国家并不受此类协议约束，但也可能因此而失去发展的多样化。科米诺认为（Comino 2007），欧盟在纺织品贸易争端上立场不一致，存在双重标准，因而受到批评。欧盟在推动符合自身利益的贸易自由化，要求中国开放市场和降低关税，但同时也会在谈判中做出让步和妥协。

中国的“走出去”政策主要是在其他国家寻找新的投资机会，特别是基础设施建设和获取原材料与能源方面。高淑勤指出，中国正在对冲未开发的能源市场风险，摆脱西方主导的国际监管，构建中国主导的替代性竞争机制综合体（Gao 2017）。中国也在实施风险规避策略。中国希望通过获取自然资源与能源促进经济增长。中国实施的政策是“走出去并走进去”（Nathan and Scobell 2016）。

“一带一路”建设有助于吸收中国的资本盈余，防止资本过度积累。“一带一路”建设项目带来众多好处。因为敌对势力的频繁干涉，国与国之间的经贸往来受到极大影响，而这些国家可以通过基础设施建设来加强联系。正如一句中国谚语所说：“要致富，先修路。”“一带一路”倡议的实施，对全球贸易的影响将超过古丝绸之路。

中国实施对外开放政策的目标是通过外国直接投资积累全球资本，并出口中国制造的产品，拓展发展空间。1980 年起，中国先后在南方经济特区实行对外开放政策，随后从 80 年代中期开始扩展至沿海城市。2008 年世界金融危机期间，中国对发达国家出口市场的依赖已经暴露出其经济增长的风险，因此迫切需要扩大满足中国国内需求的产品市场。推动经济发展和维持经济发展需要采取不同的经济政策。出口部门可以通过适当的投资政策助推国内经济增长，例如加强基础设施建设，通过实施“一带一路”倡议加强共建国家互联互通，特别是在交通和通信领域开展项目合作。为了推动创新、提高生产力，人力资本至关重要。

中国的“走出去”政策被纳入“十五”规划（2001—2005 年），2001 年全国人民代表大会第一次提出要实施企业“走出去”

战略。在"十五"规划期间，中国推进了海外油气供应基地建设，促进了石油进口的多元化。随后，"十一五"规划将此政策调整为扩大境外油气资源合作开发，《能源发展"十二五"规划》又将其调整为深化能源国际合作，"互利合作、多元发展"。党的十八大提出了加快"走出去"步伐的政策，这些政策的实施需要中国进行重大的经济和政治改革。"十二五"期间，中国致力于培育和发展战略性新兴产业。在浙江永康，电动汽车和新能源（如太阳能和光伏能源）产业蓬勃发展，吸引了 5 家年产量达 100 万辆的制造商（Lu and Ganne 2016）。30 年间，浙江从小规模农具生产基地一跃成为电动汽车生产基地。

中国通过在发展中国家进行能源投资，规避了美国主导的国际能源规则。中国不再主要依靠出口市场来实现经济增长，而是积极推行"走出去"政策，鼓励企业与其他国家建立贸易联系，以促进中国的经济增长。

在经济衰退时期，凯恩斯主义的经济刺激计划常被用来刺激个人消费，从而扩大企业生产。例如，在 1929 年至 1933 年的大萧条期间，美国用其来促进经济复苏。凯恩斯主义的刺激政策旨在增加国内消费。而通过投资促进全球基础设施建设有望为企业创造机会。"走出去"不但能实现贸易增长、增加就业，还能促进更具包容性的经济发展，进一步减少贫困。

在"走出去"政策的推动下，中国的国有石油公司通过获取来自资源丰富的经济体的石油权益来推动中国的经济发展。出于安全原因，实现石油进口来源的多样化至关重要。中国的国家石油公司（NOC）通过从其他国家获取石油来促进中国的经济发展，这是

“走出去”政策的重要组成部分。2001 年中国加入世界贸易组织后，进一步推动了中国的国家石油公司“走出去”。

具有战略意义的项目将获得中国政府的额外支持，然而这种支持仅占“国家石油公司整体商业活动的一小部分”（Liu 2014）。刘东指出，“中国国家石油公司（NOC）是国有企业，但并非由国家直接经营，因此中国政府不总是对其施加影响”（Liu 2014）。中国部分国有企业是在股票市场公开上市的独立的商业实体，“他们的财务报表以及在海外投资中发生的任何损失都必须接受公众的监督和批评”（Liu 2014）。中国国有企业的大多数商业活动，包括海外投资，都不受政府决策的影响，由企业“完全出于商业考量”自主决策（Liu 2014）。中国对“进口石油的依赖度在 2000 年上升到 31.67%，在 2012 年进一步上升到 59.35%”（Liu 2014）。在“走出去”政策推动下，中国国有石油公司正在各个石油富国收购石油权益，以确保能源安全。

随着石油和天然气价格的上涨，那些收入丰厚且资源丰富的国家对天然气和石油资源的外国投资持谨慎态度。因此，对于急于“走出去”的中国国有石油公司来说，选择非常有限。所以中国国有石油公司会投资那些“剩余的”资源丰富的国家，这些国家往往被国际石油公司（IOC）认为是投资风险太高或不具有营利性的地区（Liu 2014）。中国国有石油公司能够承担更大的风险，因此成为伊朗和伊拉克的投资者。2004 年，中国国有石油公司开始在伊朗对石油和天然气资源进行大规模投资，到 2009 年终止（Liu 2014）。

“一带一路”倡议还增强了中国在“一带一路”共建国家的地缘政治影响力。中国正在采用股权战略以确保原材料和能源的持续供应，因为这种策略使中国能够直接从风险项目中获得资源，而不用依赖国际市场（Gao 2017）。

中国企业实施“走出去”政策还有其他几种方式。例如，中国正在通过与外国公司建立合资企业，进行并购来扩大海外市场。上海汽车工业集团公司（SAIC）计划收购罗孚集团，以在国外市场站稳脚跟。通过合并或收购，中国也获得了更高端的技术，例如联想收购IBM的个人电脑业务，吉利收购沃尔沃。“一带一路”倡议不仅促进了国际贸易，也促进了中国企业在海外的合并和并购。

2.3“华盛顿共识”

自2008年至2009年的全球金融危机之后，“华盛顿共识”的影响力逐渐削弱。“华盛顿共识”的基础是私有化、金融自由化、放松监管、法治和所谓的民主化。罗德里克认为，“再也没有人真正相信华盛顿共识了。现在的问题不是华盛顿共识是否存在，而是什么会取代华盛顿共识”（Rodrik 2006）。中国的经济增长显然不符合“华盛顿共识”的意识形态框架（Rodrik 2006）。“华盛顿共识”倡导私营企业，但私营企业不太可能对“一带一路”建设这样的大型项目感兴趣。

自2008年至2009年的全球金融危机以来，美国的全球实力大幅下降，不太可能完全恢复其经济支配地位，因此也难以恢复其政治权力。因为它在很大程度上失去了说服力，包括说服各国接受“华盛顿共识”的力量，国际关系开始被多极权力结构所主导。美国的权力建立在其经济支配地位以及军事力量支持之上。向多极国际治理机制迈进可能会削弱国际货币基金组织或七国集团等老牌机构的地位，但是可能会强化“24 国集团”这类政府间组织。西方新自由主义经济体由金融业主导。多次金融严重震荡，如墨西哥（1994 年）、土耳其（1994 年和 2001 年）、俄罗斯（1998 年）、巴西（1999 年）和阿根廷（2001 年）的经历，削弱了各国对“华盛顿共识”的信心。此外，1997 年至 1998 年的亚洲金融危机和 2008 年至 2009 年的全球金融危机主要是由于对国际金融体系失去监管引起的。事实上，1997 年至 1998 年的亚洲金融危机揭示了“华盛顿共识”的不恰当性（Güven 2012）。

多极化挑战了普世主义概念。多极化给不同的地理和社会条件留有余地，而普世主义则提倡“一刀切”；多极化基于协作和共识，而普世主义则将一个框架强加于所有人。换句话说，是从大西洋主义向多极主义转变。“一带一路”的理念只有在包容并接受个体文化时才能迅速发展。

中国经济在近几十年已经取得巨大成功，因为它倡导通过发展科学技术来推动经济增长。中国在全球范围内建设基础设施，而西方金融部门在很大程度上是由投机性投资驱动的。中国通过国家引导的经济规划和市场自我调节相结合来促进经济发展。2008 年至 2009 年的全球金融危机对北美和欧洲的影响比东亚要大得多，因为中国提供了一项非常宏大的经济刺激计划，使东亚免受了 2008 年至 2009 年全球金融危机的影响。中国对“一带一路”建设中的巨额基础设施投资不但是可持续的，而且切实促进了经济增长，至少到目前为止，防止了经济衰退过快。可以说，相比中国经济对美国经济的依赖性，美国经济对中国经济的依赖性更大。

美国的国内生产总值（GDP）在1999年至2001年间占全球GDP的近30%，但自2002年以来一直在下降，并在2008年至2009年全球金融危机后加速下降。“华盛顿共识”认为自由市场能有效地促进经济增长，因此政府参与应最小化。然而，2008年至2009年的全球金融危机清楚地表明，美元不可侵犯纯属天方夜谭，因此最终不可避免地要建立一种新的储备货币。随着美国经济的衰弱，债务将急剧增加，预计美元地位将进一步下跌。

2008年至2009年的全球金融危机表明，市场需要更多而不是更少的监管，以防止类似危机的发生。公司将大部分可用资金投入股票回购或支付更高的股息，而不是投资能够提高就业水平的生产性活动，这会导致资产剥离而非企业增长。

由于商业周期基本上也是金融周期，金融部门参与内生货币创造，向买家、公司和房地产提供贷款，这些贷款不是生产资本。贷款通过复利利息积累，最终超过GDP的增长，从而使越来越多的资金被转移至金融部门，因此债务与GDP的比率会增加，导致就业水平下降，所以说经济和政治是无法分割的。因此，任何经济都需要规划，没有规划的经济是矛盾的。如果没有国家规划，金融精英很可能会进行规划，而国家则变成了金融精英的延伸，为他们自身的利益服务。

经济政策必须得到健全的制度支持，不仅需要必要的金融机构，例如亚洲基础设施投资银行，还需要适当的财政机构和劳动力市场机构。在设计和实施适当政策之前，需要进行“诊断分析”来评估“对经济增长最重要的限制”（Rodrik 2006）。罗德里克呼吁进行“富有创造性和想象力的政策设计，以应对确定的限制”，并呼吁制度化“诊断和政策响应的过程，以确保经济保持活力”（Rodrik 2006）。不同的政策需要开启经济增长并维持经济增长。例如，在可获得的实物资本不足且不合适的情况下，发展人力资本就不能推动经济增长；但随着经济向较高阶段的发展迈进，例如引入技术时，人力资本则是维持经济增长所必需的。

新自由主义认为，私有领域比公共领域更重要，应该让“自由市场”做出经济决策。这意味着，政府的影响力将达到最小，社会项目将缩减至最少；政府将放松对金融部门的监管，将实施更多财政紧缩计划，任何可以私有化的东西都会实现私有化。国际货币基金组织和世界银行推出的项目就是新自由主义政策的典范。拜洛赫（Bairoch 1995）认为，19世纪的自由经济政策延缓了工业化。发展经济的传统方法是投资公共基础设施，而不是默认公共部门私有化。新自由主义政策体现在各个贸易政策中，例如《跨太平洋伙伴关系协定》《跨大西洋贸易与投资伙伴关系协定》《跨大西洋自由贸易协定》，这些协定削弱了政府设计政策的权力。依照“华盛顿共识”去做可能导致金融依赖、紧缩政策和基于债务的泡沫。货币政策影响着国家主权，对国家间的经济关系至关重要。政治主权在很大程度上被经济主权所支配，而后者若没有分配得当的货币便无法行使主权，因此金钱的权力违背了个体的民主权利。

支持新自由主义的政策包括削减公共支出、实行公共事业私有化和之前公有资源的私有化，以及降低劳工标准和强化环境法规；而后新自由主义可以被视为“围绕着两大目标展开的政策和实践：（1）将市场经济引向社会关切；（2）通过一种新的参与政治和跨社会文化部门和群体的联盟来振兴公民身份”（Yates and

Bakker 2014）。市场意识使人与人之间较难实现团结，但"面包和马戏团"政策①支持了市场意识。

耶茨和巴克将新自由主义定义为"一个多方面的过程，这源于一个重组国际资本主义的乌托邦式理想项目，这个过程常伴随着一系列政治方面的展望，以改善资本积累的条件，并在不同程度上恢复经济精英的权力"（Yates and Bakker 2014）。由于各经济体面临的情况不尽相同，所以并没有适用于所有经济体的经济政策，而不同的经济政策可以用来达成相同的目标。罗德里克指出，新自由主义经济改革的重点是解决经济的低效问题，而不是"激发促使经济增长的动力"（Rodrik 2006）。毕竟，正是经济增长带来了经济繁荣，效率低下可能阻碍经济增长。但无论是在有效率的情况下，还是在缺乏效率的情况下，新自由主义都没有设定任何目标，所以必须先设定目标，然后才能制定提高效率的政策。

"华盛顿共识"旨在形成一种模式，将传统的经济学知识融入其中（Rodrik 1993）。"华盛顿共识"实质上主张"从国家主导的干预政策转向以市场为导向的政策"（Gore 2000）。中国的实践表明，不属于"华盛顿共识"的政策也可以有效促进经济增长。例如"一带一路"倡议的实施，为经济发展和国际贸易提供了选项。"一带一路"不是由"华盛顿共识"主导，而是以促进国家间贸易为政策导向的。

在"华盛顿共识"中，经济发展的方法主要是增长 GDP，通常通过捐助者以条件为导向的方式实行，而人类可持续发展的方法

① "面包和马戏团"政策，指政府不是通过优秀的公共服务，而是通过满足民众享乐需求来获取民众支持。——译者注

则将经济发展视为改善生活条件的手段，强调更具包容性的经济发展，以使绝大多数人能够改善生活条件。这些政策上的差异凸显了“经济增长表现与社会表现之间的不匹配”（Gore 2000）。这并不一定能说清社会表现之间的差异是如何产生的，也不能说清“国内政策如何纠正这种不匹配，以实现更多社会成就，无论国内人均 GDP 水平如何”（Gore 2000），因为微量效应不太可能改善大多数人的生活条件。

“华盛顿共识”一直由新自由主义等政治思想推动，而不是以务实的方式为指导。相对来说，中国政府实行的渐进式改革是出于务实考量。敬乂嘉指出，“在不到 40 年的时间里，渐进式改革带来了根本性的变化，表明了中国转型机制的灵活性”（Jing 2017）。由于经济和政治条件不断变化，中国持续实施实用主义指导下的务实政策，它相比“华盛顿共识”由利益集团驱动的政治管理体制更为有效。

国际货币基金组织等国际金融机构的改革应适应全球经济的变化。新兴经济体在其中的投票权和配额并没有反映出其经济规模和重要性。2008 年至 2009 年的全球金融危机削弱了美国和欧盟的实力。权力关系发生了变化，因此必须改革国际货币基金组织等国际金融机构的投票规则，实行权力下放。这次全球金融危机引发了国际金融秩序的“合法性危机”（Stuenkel 2013），并促使新兴大国之间展开合作，使单极全球秩序迅速向多极权力关系发展。受全球金融危机的影响，新兴大国意识到了“改革国际金融秩序的必要性”（Stuenkel 2013）。

中国提倡渐进式改革，并在国际金融机构管理发生实质性变化之前进行了长时间的准备，因此这些机构的改革是循序渐进的。肯尼迪（Kennedy 2010）认为，“北京共识”忽视了中国与其他国家的差异，不能取代“华盛顿共识”。但是“华盛顿共识”受思想意识驱动，认为新自由主义适用于所有经济体，并不考虑各经济体的特定需求。

比森和李福建虽然承认“华盛顿共识”有很多不足之处，但他们认为“华盛顿共识正在模式之争中胜出，这主要是因为它已经成为高度制度化、习以为常的传统智慧，而且没有可以与之匹敌的竞争对手”（Beeson and Li 2015）。他们还认为，“美国的霸权会持续存在”（Beeson and Li 2015），但也不得不承认全球力量已经转移并继续朝着东亚转移（Beeson and Li 2015），最终一个新的模式将主导全球政治和经济。由于经济和政治的衰落，西方不太可能恢复以往的霸主地位。

“华盛顿共识”的意图是通过一种“一刀切”的方式创建一个由巨大的市场经济主导的全球经济秩序，这导致了对自然资源和劳动力的剥削。“华盛顿共识”与国际货币基金组织和世界银行的政策密切相关。“华盛顿共识”可以被视为“现代化理论的全球化版本，提议发展中国家必须效仿西方的制度……以便在现代世界中赶上西方”（Hou 2014）。人们认为“自由市场”具有魔力，在很长时间内能够解决任何问题。这种对自由市场教条主义毫不怀疑的接受被斯蒂格利茨（Stiglitz 2002）称为“市场原教旨主义”。

“华盛顿共识”不认同中国的经济增长，“北京共识”到目前为止也尚未完全接纳新自由主义思想。经济和政治重点在不同的经济发展阶段会有所不同。20世纪八九十年代，“亚洲四小龙”实现了新型工业化，其原因是通过实行自由化市场经济体制和加大出口，以及实行新自由主义经济发展战略，但政府也对经济进行了支持和干预。实施“一带一路”倡议是为了在中国满足国内需求和“走出去”政策之间实现平衡，最终“一带一路”倡议共建国家也将在经济需求和融入全球经济之间寻求平衡，所以各共建国家的经济政策因处于不同经济发展阶段而有所不同。

侯晓硕指出，“并不存在普遍的‘最佳’发展道路或单一的最终结果”（Hou 2014）。不同形式的经济、社会和政治组织可以共存。中国的发展经验表明，私有化并不是经济发展的必要条件。然而，在市场和政府管理之间存在相当大的差异，比如上海和江苏南部经济发展更受政府干预，而深圳却更加注重企业创新，这些不同的经济发展方式都在同步进行。正因为如此，才形成了“百花齐放、取长补短”的局面（Hou 2014）。

引入一个超越当前经济增长目标的激励机制会与一些利益集团发生冲突，比如实行环境保护和提供社会福利。中国的经济政策已经从“以牺牲环境为代价的经济增长”转向构建和谐社会。中国共产党已经成功将各种关键问题纳入政策范畴以确保其得到有效解决。有赖于对政治、社会和经济问题的统筹兼顾，中国共产党被“选择性地赋予专政和责任，从而维持了中国共产党的领导制度”（Hou 2014）。侯晓硕指出，“迄今为止，程序合法的缺失已经被结果的合法性和广泛的社会支持所克服”（Hou 2014）。

比森和李福建在区分华盛顿共识和“北京共识”时指出，某些国际金融机构“可以被视为美国外交政策的一种补充，甚至延伸”（Beeson and Li 2015）。“通过参与此类机构论坛，其他国家将被‘社会化’到‘西方’外交秩序中，并在此过程中吸收其重要的政策原则”（Beeson and Li 2015）。当然会有各种社会化过程，但中国会制定自己的经济发展政策，与当前的国际政治框架有所不同。

2008 年至 2009 年的全球金融危机是自 1929 年大萧条以来最严重的金融危机。尽管模式转变很少见，但国际金融机构和经济思想正在发生一种模式转变。替代性模式最初被边缘化，以维护现有模式，但逐渐出现了从自由化和去规制的新自由主义向国际金融体系执行更为严格监管的转变。从一种思想向另一种思想转变就是一种模式转变（Kuhn 1970）。转变过程总是令人痛苦的，因为很多人对现有的模式充满感情。那些几十年来一直被灌输新自由主义的人自然而然地不愿改变他们关于自由市场的观念。经济并不超越价值取向，必然会有预定的意识形态嵌入，当经济发展模式发生转变时，这种意识形态就会随之发生改变。

2.4 “北京共识”

哈尔珀（Halper 2010）认为，“北京共识”是对“华盛顿共识”的最大挑战。中国正有效地利用其经济实力在发展中国家和新兴国家实施软实力外交。许多发展中国家认为，相比会加剧贫困的“民主”，促进经济增长和经济发展的“北京共识”更可取。哈尔珀将“华盛顿共识”称为西方经济发展的神学。中国对“华盛顿共识”的挑战最终将从经济领域延伸到政治领域。

没有一种发展模式适用于所有发展中国家，发达国家也不例外。肯尼迪（Kennedy 2010）认为，中国至少接受了“华盛顿共识”的部分准则，即外国直接投资和贸易的自由化、会计制度和维持有竞争力的汇率。中国在朝着更加无限制的市场准入、加强财产权利和私有化进程、允许利率浮动、减少政府补贴并将更多资金用于促进经济增长的公共产品以及加强基础教育方向发展。

中国根据其具体情况，选择性采纳了“华盛顿共识”的部分新自由主义思想。肯尼迪称，“北京共识”是一个神话（Kennedy 2010）。肯尼迪认为，“北京共识”没有准确概括中国的改革经验，但是它强调了中国经济发展发生了模式转变。肯尼迪认为，中国遵循了“华盛顿共识”的八个原始观念，特别是在会计制度、贸易和外国直接投资自由化以及维持有竞争力的汇率方面。然而，威廉姆森(Williamson 2012)强调了“北京共识”不同的方面，比如渐进式改革和实验、出口导向型增长以及对国有企业的依赖。经济改革必须逐步实行，以避免内部发生动荡，正如中国谚语所说的那样，“要摸着石头过河”。

2008 年至 2009 年的全球金融危机给自由市场资本主义的主流思想带来了新的挑战。新出现的资本主义形式包括国家更多地参与新形式的全球主义；因此，“将自由市场的资本主义与国家控制的资本主义之间的对抗视为零和游戏的心态似乎不现实”（McNally 2013）。在这种新模式下，国家在经济发展中更具主导性，正如金砖国家一样。有人可能会认为，没有国家的干预，就不可能产生“一带一路”建设这样的大型项目。如果不启动适当的改革，以“华盛顿共识”著称的新自由主义资本主义模式，以及世界银行和国际货币基金组织等机构就会过时。斯蒂格利茨（Stiglitz 2010）宣称“华盛顿共识”已经过时，而罗德里克（Rodrik 2006）则认为，重要的是什么将取代“华盛顿共识”。

中国模式存在着相互影响的各种政策，这些政策可能相互促进，但有时也可能相互冲突。其特点是强调自由市场，更重视单一制国家统治（McNally 2012）。中国经济发展模式的基础是“北京共识”。随着中国在国际事务中的重要性不断增强，“北京共识”和中国经济发展模式将变得更加重要。中国共产党对社会和经济实行强有力的领导，目前没有遭遇挑战。随着社会和经济形势的变化，中国经济发展模式将占上风，不断促进社会和经济发展。

在中国政府的指导下，以国资国企为排头兵和主力军，“一带一路”建设启动了。在资金引导、众多的物质激励以及各种产业政策推动下，形成了“由上而下、国家主导”的发展模式（McNally 2013）；企业家们正在创建“具有全球影响力的高度灵活的生产和知识网络”（McNally 2013）。中国将投资补贴引导到选定的战略性行业，并推动出口导向型增长战略。就像需要各共建国政府间相互协调的“一带一路”建设一样，大规模的经济发展由国家主导。“中国制造 2025”是中国政府对研发和新技术领域进行高投入的情况下推出的又一个计划。相比市场这只无形之手，中国更多的是使用国家干预这只有形之手。

中国推动建立以政府为指导、以企业为主体、以市场为导向的互利共赢的经济关系。随着中国的经济发展及其在全球范围内取得的成功，中国经济发展模式的重要性会持续增强。美国的进一步衰落和中国作为全球大国的回归，既是挑战也是机遇。

2.5 国家主导的发展模式

要了解中国的经济发展经验，需要重点关注国家对经济的干预。本文认为，许多对“一带一路”建设蓬勃发展至关重要的基础设施项目，如果没有国家干预和政府资金，很可能不会实现。推进中国特色全球化的是中国共产党治理下的国家，而不是放任不管的市场，因为中国实施的是国家主导的发展模式。中国的经验表明，国家主导的发展模式不仅可以与不断发展的民营企业并存，而且还可以相互融合。

中国的农村改革要坚持社会主义市场经济改革方向。黄亚生指出，乡镇企业大部分属于十分成功的私营经济。乡镇企业的经济活动可以增加农民收入和充分利用农村剩余劳动力，从而缩小城乡居民收入差距。乡镇企业是指企业位于乡镇，而不是所有权属于乡镇，这些乡镇企业既有私营的，也有公有的，但大多数都属于私营企业。黄亚生认为“中国的资本主义起源于农村”（Huang 2012）。

从 1978 年起，中国重大改革先在少数省份试行，然后在全国范围内推行，地方各级政府在改革中发挥了相当大的作用，试行改革的目的是“削弱政治阻力和减少改革带来的不确定性”（Xu 2011）。一方面，这些试验可以用来验证哪些改革方案是有效的，还可以用来说服那些不相信这些改革方案的人；另一方面，在实行全面改革或制定替代方案之前，可以淘汰那些试点不成功的改革方案。重大政策通常首先在地方上进行试点，如果试点成功，这些政策将成为中央决策的一部分（Xu 2011）。所有重大改革都由中国地方政府启动，因此“地方政府在提高经济增长率方面发挥了主导作用”（Bardhan and Mookherjee 2006）。中国以国家为主导的治理依赖于中央管理的绩效考核的人事制度，而不是纯粹由意识形态指导。

一些发达经济体的基础设施建设往往并不完善，主要是因为缺乏政府财政投入。“一带一路”倡议要取得成功，就必须引导“一带一路”沿线国家和地区进行结构性转型，这意味着进行广泛的变革，不但影响到生产和消费，而且会带来社会关系的变化。

就整体而言，“一带一路”倡议要取得成功，国家必须主导经济发展进程，尤其是在基础设施建设方面。私营企业主要参与个别的经济活动，而不是将不同项目关联起来，来增强地区之间的联系，这只有充分考虑不同地区的发展差异时才能实现。中国过去强调出口推动，但现在正试图摆脱这一状况。由于“一带一路”项目通常需要对成本效益进行长期分析，各国政府必须充分参与中国每五年实施一次的长期规划。经济政策要成功地促进经济持续发展，就需要远离“华盛顿共识”。

“一带一路”倡议项目的成功实施，可以充分说明国家在引导投资投向急需的基础设施建设，然后通过实施各种发展战略来引导发展进程从而发挥重要作用。自 2008 年至 2009 年的全球金融危机以来，西方经济体经济增长乏力或停滞，如果政府政策没有改变，经济可能难以恢复。另一方面，中国和印度的 GDP 保持高速增长，但人均收入低，这两个国家都有领导全球经济增长的潜力。

日本政府对日本的经济发展产生了强大的影响。例如，日本的炼油和石化行业是在强劲的国家指导下发展的，日本通商产业省（MITI）设定了生产目标，并帮助企业进行技术创新，加强了供应商和客户之间的联系。日本的炼油和石化行业为它们的产品打造了出口基地，并进行了进口替代。日本清晰地展示了在国家引导下石油相关产业的结构转型。

资本主义涵盖了新自由主义的各种特征，例如对外国投资开放，从而将外国制造业融入国内经济，促进出口和技术创新。资本主义体系包含部分由关系推动的资本主义，麦克纳利（McNally 2011）将其称为关系资本主义。关系可以形成社交网络，从而促进商业运营；当然，关系也可能滋生裙带关系和腐败。施莱弗和维什尼（Shleifer and Vishny 1993）将腐败定义为“利用公职谋取私利”。腐败程度主要与政府部门的结构和管理有关。政府对其部门不加管控时，就会出现严重腐败，不同政治形态的国家的情况都是如此。

中国的经济增长不仅由市场力量推动，还由国有企业和外国投资推动（Naughton 2010）。随着“一带一路”建设的实施，投资而非消费将成为经济增长的主要驱动力，这种情况不仅发生在亚洲，还包括其他“一带一路”建设投资较大的地区，比如非洲。投资或消费对推动经济增长的方式取决于该地区的经济发展阶段。当一定的基础设施已经建立时，经济政策就会用于促进消费的增长，在基础设施不足的地区，基础设施建设应该优先考虑。

东亚在经济发展方面取得成功的原因在于其发展是由国家主导的，将这些国家称为发展型国家，因为它们奉行的是经济发展第一的产业政策。中国是以政党政治为主导，如果其政治决策过程渗透了强大利益集团的经济利益，那么中国不可能在过去几十年中取得现在这样的发展。个人发展权，是个人人权与集体人权的统一，如果没有集体的努力，个人就不能获得这一权利。而只有政府采取深思熟虑的举措才能调动集体的力量，在经济领域要实现可持续发展尤其需要这样。为了具体行使这些权利，就要将这些权利和责任放在个人身上，这样一来，那些拥有更多资源的人将比其他人获得更多的具体权利，因此政府的管理就必不可少，以免没有获得权利者不能获得自己的权利。全球化后，出现了弱政府现象，例如全球化削弱了国家对资本流动、汇率的管理，因为这可能被视为对自由市场的干预。

2.6 中国特色全球化

20 世纪 70 年代中期开始兴起的新自由主义旨在促进私营企业发展。新自由主义导致了金融化，即将各种形式的资本和政府置于金融资本利益之下。这种依附性导致了“自 2008 年以来，世界各地都经历了经济和政治动荡”（Williams 2000）。然而，资本主义正在呈现出新的发展特征，预计将推动未来的全球化。

特定行业战略价值的重要性将决定市场协调程度和产权分配（Hsueh 2016）；这种国家与市场关系的协调机制基于科尔奈（2000）的“系统特定属性”概念，而不仅仅是基于社会主义与资本主义名义上的分类概念。

资本主义必须首先在国内扩张，然后扩张至其边界，这可能遭到其他国家的反对，因为这可能导致它们失去竞争力。市场增长的要求导致了经济学帝国主义的出现。“一带一路”倡议增加了中国产品的销售额，因此对中国来说是一种合适的政策，可以扩大市场规模，增加其份额，从而促进中国经济的增长。加尔布雷斯（1974）认为，大型跨国公司主导全球市场是新古典主义经济学的必然结果，新古典主义经济学增加了垄断力量，促进了寡头垄断竞争，减少了市场竞争。如果“一带一路”倡议成功实施，美国实行的资本主义形式的全球化将受到挑战。新自由主义的目标是巩固金融精英手中的权力，将盈利视为民主的核心。新自由主义反对国家和政府对经济的不必要干预。

全球化进程并没有为世界带来更大的团结与合作，而是导致了全球更大的分歧和更多的对抗。法拉认为，“无边界全球化的全球治理和法律应对日益变化的社会挑战的能力不足”。因此，许多人“无法从这样的全球化中受益”（Farah 2016）。新兴经济体正在成为其地理区域内的重要力量，因此在该区域产生了深远的政治和经济影响。中国的外交政策如今已从低调的政策转向追求成就的政策。因此，中国采取更坚决自信的政策，通过“一带一路”倡议来增进更广泛的连接。

然而，软实力平衡战略更有可能巩固共同利益和共同外交政策。孔子和康德倡导更大的宽容，这可能有助于增进国家之间的相互理解。康德认为，国家主权只是国家内部人民主权的外在体现，因此国家主权需要国际法的保护。全球经济治理体系不应侵犯一国主权，不应干涉别国内政。有些问题会造成全球影响，因此需要全球性的解决方案。

儒家倡导的宽容类似于康德的绝对命令，暗示着一种道德义务。在中国传统中，宽容被视为“一种必要的举动，作为一种政治策略，以协调种族、民族、宗教和生活方式的差异和冲突，并在外来元素和群体的相互排斥和同化之中寻求平衡”（Gu 2016）。而在中国传统中，人们认为儒家的宽容之道是一种人类理想，并将其作为一种道德美德加以实践。在全球范围内，尤其是在“一带一路”倡议下，宽容可能是解决冲突最好、最成熟的方式，而不是用武力去推动单边主义。

儒家强调个人修养而不是个人自由。在某种程度上，儒家宽容的伦理理论（共济）为当前动荡的全球国际关系提供了一种替代方案。儒家思想的另一个主题是“己所不欲，勿施于人”。这需要“尊重他人和承认差别”（Gu 2016），这是国家之间相互理解的重要基础。

协调可以遵循五个不同的规则（Gu 2016），孔子将这些规则构成一个实践伦理的金字塔。第一，金律是“己所不欲，勿施于人”（Gu 2016），这是践行宽容的基础。第二，银律是“告诉他人你希望得到的”（Gu 2016）。第三，铂金律是“帮助他人实现他们所渴望的好处”（Gu 2016）。第四，铁律是“以善报恩，以正报怨”（Gu 2016），致力于抵制罪恶之举，促进善良之风。第五，玉律是“文明人寻求和而不同”（Gu 2016），因此可以通过说服而非使用武力来解决分歧。事实上，中国通常被称为中央王国，并不意味着中国将自己视为世界中心，而更多是作为“平衡和谐”的一部分（Chen 2002）。

儒家宽容伦理的优势在于它“将理性与情感、个人自由与社会价值观、伦理理想与实际行为融为一体”（Gu 2016）。但在帝国建立时期，宽容既不现实也不为人所接受，在国与国之间，一味地实行单边主义也是被拒绝的。因此，追求多边主义的政治导向至关重要。

全球化可以被视为某种国家资本主义形式的外部化（Henderson et al. 2013）。它是“美国形式的资本主义”在当今世界发挥着重要作用的体现（Henderson et al. 2013）。然而，在后期阶段它可能会融入中国特色。中国特色社会主义适合中国的基本国情，其理论体系包括邓小平理论、“三个代表”重要思想、科学发展观、习近平新时代中国特色社会主义思想。

因此，中国资本项目自由化政策也具有中国特色。虽然取消了对资本项目的明确管制，但通过对资本流动实施的行政措施却保留了各种软性控制。中国日益增长的经济影响力形成了一股软实力浪潮。

国际贸易和投资完全自由化可能会妨碍环境保护、劳工权利、公共卫生和食品安全等公共政策实施。各国可能利用此类政策保护自己的经济。中国现在参加了有关温室气体排放等非贸易问题的谈判。全球化可能对环境保护、社会正义和人权产生不利影响（Farah 2016）。

2.7 中国梦和命运共同体

中国提出建立一个以中国为中心的区域共同体，邻国可以将其经济前景与中国联系起来。“一带一路”倡议可以通过教育、科技和旅游等方式，与“一带一路”沿线国家和地区扩大经济和文化交流，实现双赢合作，促进经济和文化一体化。中国提倡与邻国构建双赢合作，这需要加快基础设施建设以促进区域一体化，而促进区域一体化又需要推进实行对外开放政策的中国的各省的发展（Arase 2015）。

中国提出构建命运共同体重要思想，目的是实现合作共赢。中国梦的实现要解决腐败、污染、社会保障和食品安全等问题；中国共产党重视自由地追求个人幸福和成功，同时鼓励不断改革（Hou 2014）。

中国梦强调经济社会发展的“中国道路”和“中国特色”。中国梦的主要目标是实现国家富强、民族振兴和人民幸福。中国梦既要迎合人民群众的物质诉求，也要迎合人们的精神需求。中国发展的核心理念是建立一个富强的国家，增进人民福祉。中国梦旨在以中国历史传统和经济可持续发展为基础，与国家、民族和人民一起创造命运共同体。

为了实现这一目标，必须加强有关地区之间的文化和经济联系。促进贸易互联互通，不仅要建设必要的基础设施，还要通过适当的政策促进更大的贸易，而不是仅仅依靠“自由市场”来促进“一带一路”共建国家的相互依赖。仅仅依靠市场力量无法实施这些项目，还是需要政府主导的措施才能取得大规模的成功。

中国梦是为了建成一个富强民主文明的社会主义现代化中国。然而至少短期内，农民或农民工还不能从中国作为一个经济强国中明显受益。可持续的经济发展不仅与经济增长有关，还与经济增长的利益分配方式有关。如果不平等的现象加剧，经济就不太可能实现长期可持续发展，毕竟社会稳定是经济稳定的前提。由于许多农民工的就业形式为兼职，所以收入不平等现象十分严重。调查经济状况后发放福利金和实行累进税制可以减少整体收入不平等现象。

当然，与 1949 年至 1978 年间普通人的生活水平相比，在改革开放政策开始产生影响后，普通人的生活水平已经显著提高。

2021 年，中国全面建成小康社会。在全面建设小康社会时，中国充分考虑了收入分配和生活成本问题。使用购买力平价（PPP）来衡量人均收入等指标时，这些指标才更有意义，但即使在这种情况下，购买力平价也没有真实反映收入分配情况；当最低收入者和最高收入者之间的收入水平存在巨大差距时，使用平均收入水平就掩盖了贫困。在设计促进经济增长的政策和消除贫穷的政策时，需要考虑各种互补性因素。

国内生产总值增长率的提高并不一定意味着真实的经济发展，事实上国内生产总值增长可能伴随着社会财富的巨大浪费。社会财富包括制造业资本，如机械、建筑、设备，以及基础设施，如道路和铁路，还包括人力资本。自然资本，如森林、石油、天然气、其他原材料和生态系统也应该被纳入考虑范围，但它们通常未被包括在标准的国民经济核算中。要评估经济进步和社会财富状况，自然资本也必须被纳入考虑范围。国民生产总值高估了社会财富，因为它忽略了资本以及资产会贬值的事实。这些因素必须被纳入考虑范围，以评估经济增长和社会发展是否可持续。其他需要被纳入考虑范围的因素是城市污染、水和空气污染等。

为了实现可持续发展，必须制定相关政策，以解决对环境产生的不利影响，如提高资源利用效率。不仅要增加消费数量，还要提高消费质量，当然消费质量取决于经济发展的阶段，因为消费质量的增长速度比消费数量的增长速度慢。中国梦是每个中国人的梦想。人们对中国梦的影响，取决于他们的力量，精英们拥有更大的力量，他们的梦想更容易实现。尽管“中国梦”这个词给人的印象是包罗万象，是中国的梦，是每个人的梦想，但梦想的实现可能比人们普遍认为的更具有挑战性。

中国现在拥有越来越多的精英阶层，在过去的20年里，他们变得更加强大，他们的梦想更有可能实现。中国梦旨在将家国连接成一个命运共同体，但在形成命运共同体的过程中，每个人所作的贡献各不相同。中国梦承诺通过分享经济增长和经济可持续发展的好处来实现共同繁荣。随着中国对经济体制进行更加全面、深入的改革，中国人将能更平等地分享到经济快速增长所带来的好处。

随着中国的进步，人们的愿望和目标也会发生变化，经济和社会政策也会相应做出调整。当前的中国梦以中国的传统愿望为基础，即国家富强和民族复兴。随着社会的进步，中国梦的要求会越来越高，上一代追求的目标对下一代来说可能远远不够。

随着社会的进步，中国梦将融入新的价值观。旧的梦想会被新的梦想取代。在不同时代，繁荣的概念也有不同的含义，它通常与可用的财政资源相关联，但即使这些资源足够充裕，卫生习惯的改变也可能需要几代人的努力。在很大程度上，改善卫生状况不是许多农村首要关心的问题。当缺水问题持续存在时，好的卫生习惯当然很难保持。由于卫生状况并不直接促进经济增长，因此它并不被视为须优先解决的问题。对许多人来说，中国梦只是一个梦想。人们的生活水平的提升速度通常比人们的文化水平提升得更快。中国梦希望给中国人民一个体面的中产阶级生活方式，不过人们的生活方式变化的速度比他们的物质丰富的速度要慢。中国梦旨在加强社会凝聚力来支持中央政府，由于中国各地区发展不均衡，发达省份和欠发达省份对中国梦的态度各不相同。因此，应通过促进欠发达省份的经济发展来提升整个国家的社会凝聚力。

马奥尼（2014）指出，在 1978 年至 1992 年改革初期，“许多中国人取得了惊人的成就，包括处于中国的经济最底层的人。但自 1992 年以来，我们看到富与贫、男性与女性、城市与农村之间的收入差距越来越大，这将影响创造和谐社会的目标”。

中国梦包括民族复兴、繁荣富强、社会主义社会更先进、军事力量更强大。人们认为“一带一路”倡议有利于实现中国梦。中国为中国梦的宣传话语体系设定了指导方针，以确保其被用作“号召力”时能将参与者吸引到一起（Mahoney 2014）。从第一次鸦片战争（1840—1842）到 1945 年第二次世界大战结束这段屈辱时期是中国人意识的一部分，这一点在“实现中华民族伟大复兴”的宣传话语体系中有所体现。这两种话语体系都已成为中华民族自我认同的一部分。民族复兴的目标可以概括为中国梦。

实现伟大复兴话语体系的目的是“动员社会大众的资源”（Zheng 2014）。2012 年以来，中国共产党以“实现中华民族伟大复兴”的口号来宣传其使命和目标。中国梦是“复兴”这个主题的另一种表达形式，因此是复兴的延续。中国梦的重点是使国家富强，而复兴则强调了中国人对历史上所遭受的屈辱的铭记与反思。

2.8 结论

本章阐释了对“一带一路”倡议的实施产生影响的各种经济政策，以及目前正在发生的模式转变及其影响，重点分析了“华盛顿共识”和“北京共识”与“一带一路”倡议的关系，并比较了“华盛顿共识”与“北京共识”。2008 年全球金融危机后，“华盛顿共识”受到越来越多的质疑，随着优势向东亚转移，全球权力从单极向多极转变，美国的全球实力受到削弱。

有人认为，“华盛顿共识”和“北京共识”之间正在发生模式转移。“华盛顿共识”的基础是私有化、金融自由化、放松监管、法治和所谓的民主化，私营企业家不大可能对“一带一路”这样的大型项目感兴趣。本章比较了美国形式的资本主义与中国特色社会主义，还将“华盛顿共识”与“北京共识”进行了对比，后者将影响当前和未来的全球化形势，进而影响未来的经济政策实践和经济发展。随着单极全球秩序的不断衰落，世界向多极关系发展，新兴大国之间的合作也随之加强。事实上，“一带一路”倡议的多极化与西方提倡的“普世价值”截然不同。

本章介绍了有关“一带一路”倡议的经济政策及其影响，强调了中国政策可能带来的机遇和挑战。“一带一路”倡议既提供了许多机遇，也可能带来无数危机。中文“危机”一词既蕴含“危险”，也包含“机会”（Joshua 2017）。“一带一路”倡议覆盖许多区域，这些区域充斥着各种形式的危机，包括战争和其他挑战。贸易往来和可持续的经济发展可能会减少冲突或将冲突限制在某些区域，从而促成政治稳定。但是，各种冲突仍将存在，主要是反对“一带一路”的人挑起的冲突。中国可能会因此在某些领域面临冲突，也可能会损失大量投资，这将对相关国家的经济，尤其是对中国的经济产生不利影响。

由于“一带一路”倡议会对当前的单极世界秩序产生影响，接下来本章将深入讨论中国支持“一带一路”的具体政策。近年来，中国的政策变得强硬，从“韬光养晦”转变为“中国回归”，这将对未来的国际关系产生重大影响。中国在 20 世纪 70 年代末实行的“对外开放”政策旨在吸引外国投资进入中国，并出口中国产品。“一带一路”倡议被认为是中国对外开放政策的延伸。对外开放之后，中国实行“走出去”政策，以减少资本盈余，引导中国资本进行海外投资。“走出去”政策是为了确保中国的经济增长和可持续经济发展拥有充足的原材料资源和其他资源。

中国的“走出去”政策被纳入“十五”规划（2001—2005 年），旨在确保中国经济所需的原材料供应，为中国出口寻找新的国际市场，而投资各种交通设施等的建设以吸收中国过剩的资本。另一方面，“一带一路”倡议还将增强中国的地缘政治影响力，尤其是增强在“一带一路”建设共建国家中的影响力。

中国企业在国外进行投资，包括合并和收购其他公司，不仅会增强企业的盈利能力，还可以防止中国国内经济的下滑。“一带一路”倡议不但推进了全球贸易增长，而且还将增加中国在国际关系、国际市场以及国际组织中的地缘政治影响力。

中国本质上是通过国家主导的发展模式，与不断壮大的私营企业合作，从而推动中国特色全球化的发展。需要强调的是，尽管中国的许多大企业是国有的，但并不是由国家直接经营，因此大多数商业活动都不受政府决策的影响。中国的经济增长不仅是由国家引导、由市场力量推动的，还常常是由国有企业来实现的。实施“一带一路”倡议是全球化进程的一部分，有中国特色的“一带一路”倡议会对不断演变的国际关系产生影响，这就需要全球性的解决方案。中国倡导建立“一带一路”共建国家的“命运共同体”。

中国经济政策的重点在一定程度上已经从不惜一切代价追求经济增长转向了构建和谐社会。中国政府会进行统筹，以增强社会凝聚力，针对具体问题，政府会采取问责或响应等具体行动。

“一带一路”倡议的发起和实施主体是国家，如果没有国家干预，“一带一路”倡议就无法成功。随着“一带一路”倡议项目的成功实施，许多国家，尤其是新兴经济体，可能会效仿中国的经济发展模式。

金融危机表明，需要对经济实施更多的监管。本章的论证说明了，要实现经济发展，就需要更多国家主导的规划；如果国家不进行规划，利益集团就会为了自己的利益而进行规划，而不会为国家的利益服务。本章还指出，不存在适用于所有经济体的经济政策，由于各经济体的情况各不相同，可能会使用不同的政策来实现类似的目标。此外，各经济体可能处于不同的经济发展阶段，也需要采取不同的经济政策。

中国的发展实践表明，除了华盛顿共识之外，其他经济理论也可以用来实现经济发展。随着全球经济的快速变化，现有的金融机构将不得不适应新的国际经济和金融关系，这将改变全球金融秩序。

参考文献

Arase, D. (2015). China' s Two Silk Roads Initiative: What It Means for Southeast Asia.Southeast Asian Affairs, 2015(1), 25-45.

Bairoch, P. (1995).Economics and World History: Myths and Paradoxes. Chicago: University of Chicago Press.

Bardhan, P., & Mookherjee, D. (2006). The Rise of Local Governments: An Overview. In P. Bardhan & D. Mookherjee (Eds.), Decentralization and Local Governance in Developing Countries: A Comparative Perspective (pp. 1–52). Cambridge, MA and London: MIT Press.

Beeson, M., & Li, F. (2015). What Consensus? Geopolitics and Policy Paradigms in China and the United States.International Affairs, 91(1), 93–109.

Callahan, W. A. (2015). History, Tradition and the China Dream: Socialist Modernization in the World of Great Harmony. Journal of Contemporary China, 24(96), 983–1001.

Chen, M.-J. (2002). Transcending Paradoxes: The Chinese Middle Way Perspective.Asia Pacific Journal of Management, 19, 179–199.

Chomsky, N. (2002). Understanding Power: The Indispensable Chomsky (J. Schoeffel & R. Mitchell, Eds.). New York: The New Press.

Comino, A. (2007). A Dragon in Cheap Clothing: What Lessons Can Be Learned from the EU-China Textile Dispute?European Law Journal, 13(6), 818–838.

DeLong, J., & Eichengreen, B. (1993). The Marshall Plan: History's Most Successful Structural Adjustment Program. In R. Dornbusch & W. Nolling, et al. (Eds.), Postwar Economic Reconstruction and Lessons for the East Today (pp. 189–230). Cambridge: MIT Press.

Farah, P. D. (2016). Trade and Progress: The Case of China.Columbia Journal of Asian Law, 30(1), 51–112.

Galbraith, J. K. (1974). Economics and the Public Purpose. London: André Deutsch.

Gao, S. (2017). China and Global Energy Governance: Integration or Confrontation. Global Governance, 23(2017), 307–325.

Gore, C. (2000). The Rise and Fall of the Washington Consensus as a Paradigm for

Developing Countries.World Development, 28(5), 789-804.

Gu, M. D. (2016). Confucian Ethics and the Spirit of World Order: A Reconception of the Chinese Way of Tolerance.Philosophy East and West, 66(3), 787-804.

Güven, A. B. (2012). The IMF, the World Bank and the Global Economic Crisis: Exploring Paradigm Continuity.Development and Change, 43(4), 869-898.

Halper, S. (2010).The Beijing Consensus: How China' s Authoritarian Model Will Dominate the Twenty-First Century. New York: Basic Books.

Harman, C. (2008).A People' s History of the World: From the Stone Age to the New Millennium (3rd ed.). New York: Verso.

Henderson, J., Appelbaum, R. P., & Ho, S. Y. (2013). Globalization with Chinese Characteristics: Externalization, Dynamics and Transformations. Development and Change, 44(6), 1221-1253.

Hou, X. (2014). Dissecting China' s Rise: Controversies Over the China Model.China Perspectives, 2014(2), 61-67.

Hsueh, R. (2016). State Capitalism, Chinese-Style: Strategic Value of Sectors, Sectoral Characteristics and Globalization. Governance: An International Journal of Policy, Administration, and Institutions, 29(1), 85-102.

Huang, Y. (2012). How Did China Take Off? Journal of Economic Perspectives, 26(4), 147-170.

Jing, Y. (2017). The Transformation of Chinese Governance: Pragmatism and Incremental Adaption. Governance: An International Journal of Policy, Administration, and Institutions, 30(1), 37-43.

Joshua, J. (2017).China' s Economic Growth: Towards Sustainable Economic Development and Social Justice (Vol. II). London: Palgrave Macmillan.

Kant, I. (1983). Perpetual Peace and Other Essays on Politics, History, and Morals (T. Humphrey, Trans.). Indianapolis: Hackett Publishing.

Kennedy, S. (2010). The Myth of the Beijing Consensus. Journal of Contemporary China, 19(65), 461-477.

Kornai, J. (2000). What the Change of System from Socialism to Capitalism Does and Does Not Mean. Journal of Economic Perspectives, 14(1), 27-42.

Kuhn, T. S. (1970). The Structure of Scientific Revolutions (2nd ed.). Chicago: The University of Chicago Press.

Lin, J. Y. (2010). New Structural Economics: A Framework for Rethinking Development (World Bank Policy Research Working Paper No. 5197). Washington, DC: World Bank.

Liu, D. (2014). China's Resource Demand and Market Opportunities in the Middle East: Policies and Operations in Iran and Iraq. Perspectives on Global Development and Technology, 13(5-6), 564-587.

Lu, S., & Ganne, B. (2016). From Farm Tools to Electric Cars: A Study of the Development of a Chinese Industrial Cluster: The Case of Yongkang in Zhejiang (1980—2010). China Perspectives, 2016(1), 37-48.

Mahoney, J. G. (2014). Interpreting the Chinese Dream: An Exercise of Political Hermeneutics. Journal of Chinese Political Science, 19(1), 15-34.

McNally, C. A. (2011). China's Changing Guanxi Capitalism: Private Entrepreneurs Between Leninist Control and Relentless Accumulation. Business and Politics, 13(2), 1-29.

McNally, C. A. (2012). Sino-Capitalism: China's Re-emergence and the International Political Economy. World Politics, 64(4), 741-776.

McNally, C. A. (2013, February). How Emerging Forms of Capitalism Are Changing the Global Economic Order. Asia Pacific Issues. Analysis from the East-West Center, 107, 1-8.

Nathan, A. J., & Scobell, A. (2016). Globalization as a Security Strategy: Power and Vulnerability in the "China Model". Political Science Quarterly, 131(2), 313-339.

Naughton, B. (2010). China's Distinctive System: Can It Be a Model for Others? Journal of Contemporary China, 19(65), 437-460.

Rodrik, D. (2006). Goodbye Washington Consensus, Hello Washington Confusion? A Review of the World Bank's Economic Growth in the 1990's: Learning from a Decade of Reform. Journal of Economic Literature, XLIV (4), 973-987.

Shleifer, A., & Vishny, R. W. (1993). Corruption. Quarterly Journal of Economics, 108(3), 599-617.

Stiglitz, J. E. (2002). Globalisation and Its Discontents. New York: W. W. Norton.

Stiglitz, J. E. (2010). Free Fall: America, Free Markets, and the Sinking of the World Economy. New York: W. W. Norton.

Stuenkel, O. (2013). The Financial Crisis, Contested Legitimacy, and the Genesis of Intra-BRICS Cooperation. Global Governance, 19(4), 611-630.

Sze, J. (2015). Fantasy Islands: Chinese Dreams and Ecological Fears in an Age of Climate Crisis. Oakland: University of California Press.

Williams, K. (2000). From Shareholder Value to Present-Day Capitalism. Economy and Society, 29(1), 1-12.

Williamson, J. (1993). Democracy and the 'Washington Consensus'. World Development, 21(8), 1329-1336.

Williamson, J. (2012). Is the "Beijing Consensus" Now Dominant? Asia Policy, 13(1), 1-16.

Xu, C. (2011). The Fundamental Institutions of China's Reforms and Development. Journal of Economic Literature, 49(4), 1076-1151.

Yates, J. S., & Bakker, K. (2014). Debating the 'Post-neoliberal Turn' in Latin America. Progress in Human Geography, 38(1), 62-90.

Zeng, L. (2016). Conceptual Analysis of China' s Belt and Road Initiative: A Road Towards Regional Community of Common Destiny. Chinese Journal of International Law, 15(3), 517-541.

Zheng, W. (2014). The Chinese Dream: Concept and Context. Journal of Chinese Political Science, 19(1), 1-13.

第3章 经济发展和“一带一路”倡议

3.1 引言

本章重点分析经济发展与“一带一路”倡议的关系。首先，介绍经济发展的过程，包括促进或阻碍经济发展的社会和经济条件；其次，介绍经济增长的理论；再次，分析经济发展阶段以及不同的生产周期和生产阶段，讨论比较优势政策及其对全球化和经济发展的影响；最后，以多样化的必要性引出关于创造性、破坏性和防御性创新对技术变革的必要性，以及中国向高新技术转型的话题，强调技术升级在转型比较优势方面的重要性。

本章介绍了各种模型，包括赫克歇尔-俄林模型和李嘉图模型等。巴罗模型[①]认为，可以通过提高资本积累和劳动生产率以及创新等实现经济增长，而卢卡斯的内生增长理论认为，可以通过增加

① 巴罗模型，新古典主义经济学派学者巴罗提出的分析财政政策的模型，该模型由消费函数和生产函数组成。——译者注

政府支出来增加物质资本和人力资本，通过在两者之间合理配置资源来实现经济增长。

这一章阐释了比较优势理论及其与全球化和经济发展的关系。然而，比较优势可能发生变化，从长远来看，各国通过实现经济活动的多样化能在长期内实现更高的经济增长。实际上，提倡比较优势可以防止比较优势转移，从而为那些率先实现工业化的国家提供持续的优势。基础设施数量增加、质量提高将提高生产力，促进经济增长，从而增强比较优势。

在历史上，比较优势一直在转移，现在正向东亚转移，所以片面主张比较优势理论就否定了经济发展的进程。那些不加怀疑地遵循比较优势理论的经济体十分危险，因为这样会跳过经济增长的某些阶段。本章还对比较优势和竞争优势进行了对比，比较优势意味着产品的生产成本低于竞争者，而产品或服务的竞争优势则源自其优越的属性，使得消费者认为其更有价值。

各个国家都必须认真地考虑多元化和专业化的观点。出口多元化程度随着技术发展水平的提高而提高（Balassa 1977）。贸易关系必须精心建立，因为它可能促进或阻碍新的比较优势的发展。比较优势可能会在经济的不同发展阶段进行转移（Balassa 1986），在不同经济发展阶段、不同技术水平下尤其如此。随着比较优势的转变，各国对自由贸易的态度也在转变；也就是说，随着比较优势的下降，各国往往反对自由贸易，因此全球化往往由具有比较优势的国家推动。然而，一个国家比较优势的改变通常需要经济结构的转型。这一章介绍了创造性、破坏性和防御性创新[①]之间的区别和关系（Schumpeter 1934）。有人认为，创造新的工作岗位比保护过时的工作岗位更重要，否则比较优势将转移到其他国家。

对发展中国家的贸易开放可能需要与金融机构、急需的基础设施以及医院和学校的建设同步进行。供水、供电等基础设施将有助于改变人们对卫生的态度。在许多发展中国家，首要任务就是为家庭供水，如果人们有了充足的水供应，就会开始关注清洁水源。

在许多发展中国家，停水断电司空见惯，这扰乱了商业行为和私人活动。确保水电供应改善了生活条件，从而提高了人们的健康水平。卡尔德隆和舍温认为，提供基础设施和促进经济增长会降低贫困水平（Calderon and Serven 2008，2014）。然而，在许多情况下，由于基础设施老化以及水电需求量增加，也会出现停电和缺水的情况。

改革开放以来，中国取得了巨大的发展成就，农村贫困人口减少了7亿多人，一部分原因是庞大的基础设施建设促进了经济快速增长。由于地区发展不平衡导致不平等加剧和贫困的产生，此时国家的干预是必不可少的。在中国环境法规越来越严格和工人的工资不断增加的情况下，一些中国制造商将生产业务转移到柬埔寨，柬埔寨90%的服装业来自中国（Pal 2013）。

本章说明了不同经济体经历的不同阶段的经济发展历程。它们如何经历不同的生产周期，从而向产品阶梯的高端上升，产品质量

① 创造性创新是指通过引领市场、吸引客户来获取或者扩大市场份额和收益；破坏性创新概念由熊彼特提出，他把创新视为不断地破坏旧的结构，不断创造新的结构；防御性创新是指由于外部环境的变化对系统的存在和运行造成了某种程度的威胁，为了避免系统损失扩大，在系统内部展开的局部或全局性调整。——译者注

也随之提高。中国继续向产品链和价值链的高端上升，从而形成了一个全球产品网络。共建“一带一路”倡议被视为中国实现经济发展目标的重要政策之一。

3.2 经济发展的过程和进展

发展中国家正在经历的是转型而不是过渡。韩德森和纳德维提出了一个很有说服力的观点，即“过渡知道了改变的结果”，而转型“并不知道改变的结果”。因此，使用“转型”这个术语“可以对政治、经济和社会变革的动力和后果进行开放式反思”（Henderson and Nadvi 2011）。经济的转型涉及结构和制度的变化。因此，人口在农村和城市之间的分布发生了变化；教育的类型、水平和质量发生了变化；所需技能和多种技能之间的差异也发生了变化，技术的应用也日益增加。然而，竞争可能受到以下几个方面的限制：（1）基础设施服务的质量，如互联网接入、电话服务和电力供应等；（2）要素市场，如劳动力市场、熟练劳动力和融资渠道等；（3）规范要求；（4）监管行为（Broadman 2007）。

内生增长理论由康德提出，他比罗默早了大约 200 年。康德认为，人与人之间的竞争促使他们更加努力，从而建立和积累了可持续经济增长所需的新知识。康德认为，通过教育和指导来培养人，才能培养其技能。知识不断积累，并因此促进经济可持续增长，这时知识的边际回报就不会减少。因此无论是为了个人利益，还是为了整个社会利益，舒尔茨（Schultz 1961）都将教育支出视为一种投资而不是消费。库兹涅茨（Kuznets 1955）认为，经济增长导致收入分配发生变化。人力资本的改善和更多的非农业就业机会将影响经济增长和收入分配之间的关系。拥有较高人力资本价值的个人受收入分配的不利影响较小。不同地理区域之间的收入分配也可能存在巨大差异。空间贫困陷阱的存在意味着较贫困地区的经济增长慢于经济增长较快的地区。

然而，教育不仅要关注人力资本的形成，还应解决绝对贫困、机会不平等和结果不平等的问题。减少不平等的政策必须解决这三个不平等问题。可采取的措施是扩大涵盖最低生活保障的低保计划，消除绝对贫困；降低资格门槛；改善福利结构。在中国，收入较低者可以获得补贴。例如，最低生活保障（低保）制度是指政府对于收入水平低于政府公告最低生活标准的公民，按照法定程序和标准提供的现金或实物救助，以保证该公民基本生活所需。而五保户政策则为老年、残疾或者未满 16 周岁的村民，无劳动能力，无生活来源又无法定赡养、抚养、抚养义务人，或者其法定赡养、抚养人、抚养义务人无赡养、抚养、抚养能力的人提供补贴，以保障其吃、穿、医、住和葬五项基本生活需求。这些政策的受益者通常居住在农村。

经济增长会影响普通民众的生活水平，最主要的原因在于收入分配的不均衡。洛伦兹曲线①等说明了收入不均衡的情况，此外还必须考虑贫困的代际传递，以及获得高薪和高技能就业的机会不均等情况。如果这些情况不改变，贫困人口将无法摆脱贫困。如果按城市和农村来划分人口，就会有两种不同类型的收入者，他们的生

① 洛伦兹曲线，是指在一个国家或地区最穷到最富的人口百分比对应其收入百分比的点组成的曲线。——译者注

活水平存在很大差异。

城市劳动力分为两个不同的群体，一种是正规部门的劳动力，一种是生产率低下的非正规部门的劳动力。资本一般都集中在正规部门，非正规部门以高隐性失业率和边际就业为主。非正规部门就业者主要是那些被边缘化的人。现代化产业的发展吸引大量农村劳动者进入城市，但城市无法吸纳所有迁入的移民，因此造成潜在的失业、大量人口陷入贫困、城市化超前于工业化的现象。

外国对新兴经济体的投资通常更多地惠及当地精英阶层，而不是惠及当地所有的人。摆脱贫困的希望渺茫时，贫穷就会让人安于现状。贫困人口通常充当劳动力后备军，随时待命，他们的工资几乎没有超出维持生计的水平。贫困人口通常不作长远的考虑，尤其当它与他们目前的生活方式发生冲突时。政府也不会把消除贫困放在首位，农民们安于现状也可能阻碍他们提高生产水平。农民耕种土地主要是为了生存，而农场主耕种土地则是为了盈利，也有一些农民可能摆脱贫困，成为农场主。

中国的工业化经历了与18世纪初到19世纪末的英国工业革命相似的发展过程。进步需要理性，理性并非瞬间或本能地形成，需要实践和经验积累，在实践中学习形成（Arrow 1962）。毋庸置疑，进步不会凭空得来，必须转变成一种习惯才能进步。

随着中国国民消费的增加和中国制造商地位的提高，原材料开始供不应求，这导致2003年以来大宗商品价格的大幅上涨。“一带一路”能够增加中国原材料供应来满足国内需求。中国是大规模的原材料进口国，致力于出口附加值更高的商品。新兴市场和发展中国家应该同舟共济，因为它们在各个领域相辅相成，很可能成为未来全球增长的引擎。

一个竞争激烈的国内市场对于国内产业走向全球竞争至关重要。全球一体化将提升配置效率，因为效率低下的企业将被淘汰，新型企业将进入国际市场。随着企业在国际市场变得高效，其出口业绩也会随之提高。进口和外国直接投资也可能带来更多创新，从而提高生产效率。随着个人收入的增加，人们不但会增加消费，而且购买的商品质量也会提高，因此现有商品和服务将逐渐被质量更高的商品和服务所取代。

熊彼特反对新古典主义经济学的稳定性假设，认为经济增长和稳定是相互矛盾的，因为发展只能在持续变革的情况下发生，例如引入新技术、先进知识、新市场、新原材料来源，产业和就业结构的改变以及外国投资等。通过"一带一路"倡议注入的实物资本和技术专长可以促进共建国家的经济增长（Schumpeter 1934，1949）。

中国的经济增长由出口和投资驱动。自 2004 年以来，中国的出口占 GDP 的比重超过 35%（Li and Shaw 2014）。对国外市场的过度依赖使中国可能会受到来自外部的政治压力。如果中国无法获得原材料，那将对其经济发展产生不利，甚至是毁灭性的影响。"一带一路"倡议可以在多样化能源和原材料供应方面发挥重要作用。"一带一路"共建国必须达成共识，共同探讨如何分享或调整彼此的设想。要通过教育和经济的可持续发展而不是通过军事力量来促进互联互通；虽然一些政治和经济实力正在衰落的国家可能将武力视为实施单极统治的唯一途径，但从长远来看，这会产生反作用。

3.3 经济发展的增长理论

经济增长和发展可以从古典和新古典增长理论的角度进行研究。邹至庄和李奎伟重视资本积累（Chow 1993；Chow and Li 2002）。博斯沃斯和科林斯（Bosworth & Collins 2008）重视技术进步。“一带一路”倡议重视基础设施，以促进互联互通和贸易。在巴罗模型中，一个地区的产出增长不仅得益于资本和劳动力投入，还得益于政府支出，因为它提高了人力资本水平，增加了物质资本（Barros 1990）。卢卡斯的内生增长理论可用于分析财政分权对经济增长的影响（Lucass 1988）。

一个地区的产出可以随着资本和劳动力投入的增加而增加。增加政府支出可以进一步积累资本，从而促进 GDP 的增长。政府支出水平取决于预期的经济增长，而“一带一路”倡议等政府资助的项目可能加速预期的经济增长。在“一带一路”倡议的初始阶段，政府的资金主要用于基础设施建设，这对于“一带一路”倡议的成功至关重要。褚健和郑小平发现，卢卡斯的内生增长理论比巴罗的内生增长理论更适合分析中国的省域经济增长（Chu and Zheng 2013）。

只有通过技术进步才能实现经济进步，经济进步关乎经济发展（Schumpeter 1949）。由于人口增长或财富增加而导致的经济增长不应与经济发展混淆，后者需要与新质生产力结合，而不是同样技术的重复。经济发展涉及新产品、新的生产技术、商品和服务的质量提升、开辟原材料新供应渠道以及新的组织网络和市场需求，这需要解放生产力。经济增长和发展需要对技术与制度框架进行综合评估，制度是否合适取决于具体情况。制度必须适应变化，否则可能会阻碍经济增长和发展。

包容性发展还意味着实现社会发展，例如减少贫困、改善就业状况和调节收入分配等。如果没有明确的社会福利政策，“涓滴效应”理论[①]就是一个谎言。“涓滴效应”理论希望通过更多的工作机会和其他机会给大众带来更多的幸福感；假定财富从经济更富裕的层面流向经济不富裕的部分，而不考虑经济发展，并且认为这种情况会自动发生。正如刘易斯所说，经济发展并不平等，其原因是每个经济板块并不会同时发展（Lewis 1955）。收入可能在单个或多个独立区域增加，这可能对经济产生影响。经济发展的不平等性源自未能将独立区域部门的收入增加扩大至其余部分，尽管可能存在一些垂直的“涓滴效应”对独立区域经济产生有益影响。缪达尔认为，没有重新分配改革就不可能实现经济进步和民族一体化。在没有刻意努力实现更加公平分配经济增长成果的情况下，就没有可能实现公平的经济增长（Myrdal 1956）。库兹涅茨认为，在经济发展的最初几十年中，可能会出现更多的不平等现象（Kuznets 1955）。

经济发展意味着结构性变化，而不是更多的结构趋同。经济增长可能是由某些主导的经济部门引发的，同时也可能因其他部门落后而受阻；经济增长很大程度上取决于资源如何从落后的部门迅速转移至领先的部门。经济总量平衡和不平衡增长都会带来产业结构的变化。经济欠发达地区的经济发展应该放在优先地位。

---

① “涓滴效应”理论，指在经济发展过程中不给贫困阶层或贫困地区特别的关照，而是由优先发展起来的群体通过消费、就业等，带动贫困阶层或贫困地区发展和富裕。——译者注

当然，也有人天真地认为经济增长只是“收入增加”（Schultz 1964），忽略了“转型”这个词，很少提及农业部门实际的结构性变化。赫希曼更加强调结构性变化，他认为经济发展是资源从一个经济部门向另一个更先进的部门转移的过程（Hirschman 1958）。

3.4 经济发展阶段

经济发展和社会变革相互促进。各经济体可能从准备阶段向自主增长和经济发展方向发展，进而推动经济改革。中国通过政府实施的有针对性的经济改革，经历了不同阶段，以实现快速经济增长。中国在20世纪60年代尝试通过中央计划实现完全工业化，试图通过工业发展实现自力更生、自给自足，以及通过专注于发展重工业来跨越经济发展阶段。然而，这种模式是不可持续的。

中国在1978年的经济改革后建立了国内和国际市场。中国的政策与亚当·斯密在《国富论》中所提倡的政策类似，即通过基于市场规模的劳动分工来实现，亚当·斯密以18世纪的大头针工厂来说明其观点。文一和乔治·福蒂尔认为，中国在创造市场方面的成功为未来经济增长奠定了基础，“中国没有像西方和拉丁美洲历史上那样出现一些反复性和破坏性的金融危机，是因为有一系列市场创造”（Wen and Fortier 2016）。

只有存在一个需要大规模分销系统的大众市场时，大规模生产才能富有成效。“大跃进”等政策之所以失败，是因为没有必需的大众市场；今天中国的购买力正在迅速增加，以支持大众市场。在经济发展的不同阶段可能需要不同的政策。“一带一路”共建国家就像海中航行的船只，它们处于不同的经济发展阶段，因此有着不同的发展前景。

文一和乔治·福蒂尔认为，中国的经济发展经验属于一种新的经济发展模式，被称为新发展阶段理论（NST），该理论与罗斯托、李斯特和马克思的历史阶段理论以及“结构主义和新结构主义”理论有关（Lin 2009；2011）。最重要的是，如果不能建立足够的市场来支持这种工业化，工业化就不会取得成果。

国家间经济发展阶段的差异可能造成国家政策的差异，而国家政策可能会加剧或缩小这种差异。如果不分析造成这种差异的经济方面的决定因素，包括分析可能缩小经济发展差距的政策，就无法确定政策方向。经济发展是一个多学科、多阶段的过程，经济发展的差异涉及多学科、多方面。各国所处的经济发展阶段在很大程度上决定了一个国家的经济结构。

经济起飞阶段需要各种先决条件。根据罗斯托的观点，“农业生产力的革命性变化”是经济成功起飞的必要条件（Rostow 1971）。起飞需要提高生产性投资，发展制造业，并建立适当的制度框架，以促进所需资本的筹集，从而将不断增长的居民储蓄从主导部门转移到其他部门。然而，需要市场来吸引资本，需要基础设施来创造市场机会；中国具有从“一带一路”共建国家获取原材料的巨大市场机会。

英布和瓦齐亚格发现，在发展的早期阶段，各国倾向于多样化，但在发展的后期阶段，各国往往倾向于专业化，使得部门集中程度与人均收入呈“U”形曲线（Imbs and Wacziarg 2003）。恩格尔效应会增加消费品的多样性，增加市场规模和多元化，经济也会随之增长。在发展的后期阶段，传统部门和现代部门并存，而后者通过提高生产率推动经济增长。因此，经济增长在早期阶段倾向于多样化，后期阶段会减少多样化。此外，传统部门和现代部门是替代的而非互补的（Acemoglu and Zilibotti 1997）。

实现多元化还需要更多的社会群体参与到生产过程中，才更有可能实现更平等的收入分配。“中国制造 2025”旨在减少对其他国家的依赖，在技术上实现自力更生，从而从低端制造业发展到高端制造业，利用技术而不是设置贸易壁垒来促进竞争。非资源部门仍不发达，并且通常与建筑业等资源部门相关联。如果仅依靠资源部门获得收入，经济就容易受到全球商品价格和出口市场的影响。

罗斯托认为，经济会经历不同的发展阶段，最终“走向成熟”（Rostow 1971）。他认为，经济增长速度放缓是因为追赶技术先进经济体所获得的刺激力逐渐减弱。基础设施建设提供了外部条件，可提高公共生产力（Rostow 1980）。然而，罗斯托认为所有国家都经历相同阶段的说法并不正确，其原因有两个：首先，不同阶段的转变取决于国家特定的情况，而国家之间的情况是不同的；其次，有些阶段可以跳过，例如中国现在已经进入高科技创新领域。事实上，比较优势的情况也可能发生变化，美国中西部的“铁锈带”[①] 就是一个例子。

工业化首先由模仿推动，然后促进进口替代，所以最初推动经济增长的动力源于消费增加而不是生产，因此企业家决定自己生产这些产品而不是进口产品。中国的经济增长则始于产品出口。中国

① “铁锈带”，美国的布法罗、底特律等城市，曾经是北美钢铁、汽车、农机等制造业基地，随着工业产业链的瓦解，原来的产业衰落，这些城市被俗称为“铁锈带”。——译者注

希望通过专注于机器人和人工智能等高科技领域来超越发达经济体。中国从模仿走向了创新，并在高科技领域不断取得进步。

3.5 比较优势、全球化和经济发展

根据赫克歇尔-俄林模型，只有在国家拥有相似的要素禀赋时，它们才会与其他国家展开竞争。特征上的差异可能会促使生产者将生产过程分为不同阶段，并根据各自的比较优势将其分布在不同国家。根据赫克歇尔-俄林模型，比较优势由生产要素的丰富程度决定。例如，一个拥有廉价和丰富劳动力的国家应该专门从事劳动密集型产品的出口。一些国家需要产品多样化而不是依赖少数几种专业产品。斯托尔珀-萨缪尔森模型认为在要素丰富的情况下，自由贸易会增加收入，但在要素稀缺的情况下，自由贸易会减少收入。

高度专业化可能产生比较优势。正如赫克歇尔-俄林模型的情况一样，获取新资源可以增加比较优势，或者像李嘉图模型那样通过应用技术来增加比较优势；尤其是在技术发生变革时，比较优势可能会随之变化。然而，赫克歇尔-俄林模型无法阐释高收入国家之间的贸易流动，因为该理论的基础是国家之间生产要素的禀赋差异。

根据赫克歇尔-俄林模型，预计各国将利用其丰富资源和低成本生产要素生产出口产品进行贸易，而李嘉图模型假设贸易模式将遵循比较优势模式。赫克歇尔-俄林模型和李嘉图模型侧重于自然所赋予的比较优势，即与一个国家的禀赋（如土地、劳动力和资本）相关的第一优势，而排除了因其他因素存在而产生的优势，这

些优势吸引其他公司（Picard and Zeng 2010）。赫克歇尔-俄林模型忽略了其他因素，例如技术、教育、基础设施、政府政策以及各经济体生产之间的互补性，所以人们认为赫克歇尔-俄林模型无法解释中国的经济增长。

新古典增长理论无法阐释资本密集度增加、技术水平提高以及技能要求更高的产品在出口中的重要性。传统的比较优势理论认为，发展中国家在此类商品上没有比较优势，然而它们的市场份额却在迅速增加。若坚持传统比较优势理论，将使发展中国家始终处于原来的位置，因为人们不能指望它们与更先进的经济体展开竞争。

与赫克歇尔-俄林模型相对应，技术差距理论假设贸易模式具有动态性，可能会发生改变，因此可以引入新产品和新生产方法以增加对外贸易额，而不是永远处于顺差或逆差之中。在这种情况下，根据比较优势理论进行贸易适用于那些发达国家。

李嘉图认为，参与贸易的国家应该专门生产具有比较优势的商品。然而，比较优势在发生转移（Joshua 2017），强化比较优势可以阻止这种优势转移，这适合制造业成熟的国家，因为这样可以减少针对这些国家产品的竞争。

显性比较优势可以定义为 RCA =（Xij / Xit /Xwj/Xwt），其中 Xij 和 Xwj 是一个国家的产品出口值和该产品的世界出口值；该国的总出口为 Xij，世界总出口为 Xwt（Joshua 2017）。显性比较优势可能会因比较要素价格的变化而改变，或因技术变革和追赶效应而改变。随着国际竞争力的增强，其市场份额也会增加；而当竞争力下降时，它们将失去市场份额。霍尔斯和韦斯发现，由于中国出口所引发的激烈竞争，东盟国家损失了一定的市场份额。

埃格诺认为，基础设施建设促进了欠发达国家的经济增长（Agenor 2010）。约戈和威尔迪尔·乔尚认为，基础设施可能成为影响经济增长和提升国际竞争力的关键途径：基础设施建设降低了生产成本并提高了生产力；基础设施建设提高了资本投资和劳动力等私人投入的盈利能力；基础设施建设通过有效的运输方式降低了交易成本，增加了外国直接投资；基础设施建设还改善了供电和供水情况（Yogo and Verdier-Chouchane 2015）。

约戈和威尔迪尔·乔尚发现，基础设施建设质量每提高 1%，平均国家竞争力就会提高 0.64%。基础设施建设提高了生产力，带来了更高的经济增长，也促进了文化和社会进一步发展。基础设施建设对于将社会与更大的市场联系起来至关重要。许多“一带一路”共建国家缺乏足够的基础设施，因此“一带一路”倡议必须强化各级基础设施建设。“一带一路”倡议的主要目的是通过建设公路、铁路和管道等基础设施，建立或加强互联互通，以促进当地经济发展。随着“一带一路”倡议的实施，欧亚大陆将更加以中国为中心。

华西里·列昂惕夫（1953）使用投入产出分析来检验国际专业化理论。他的研究结果表明，美国的出口劳动密集型产品、进口资本密集型产品，与赫克歇尔-俄林模型并不一致。然而，列昂惕夫没有考虑在美国国内没有生产的产品。列昂惕夫通过预估每个经济部门的生产量重复了这些分析，但结果相似。尽管赫克歇尔-俄林模型可能不适合特定时间的专业化模式，但仍适用不同时间的专业化模式，因此该理论仍然适用于制定经济发展政策。

根据比较优势理论，人口稠密但自然资源贫乏的经济体很可能与人口稀疏但自然资源丰富的经济体形成互补关系（Leamer 1987；Deardorff 1984），原因是贸易在很大程度上取决于一个国家的自然资源禀赋，而不是其他国家可用的工业资本。

其实国家之间的比较优势源于一个国家的能力，国家可以想办法获得能力，因此比较优势可以转移。所以可以建立跨国界的战略联盟，并且可以在集群公司之间建立网络。竞争优势也可能发生转变，因此当劳动力成本和其他成本增加时，竞争将变得更加激烈。当竞争优势主要源于知识和技术时，新的创新可能会提高生产力水平。在现代世界，没有创新的竞争优势无法长期存在。创新对于可持续的经济增长至关重要，创新还可以提高客户满意度，从而提高客户忠诚度。

从历史来看，比较优势一直在向东亚转移。资源丰富的国家最先具有比较优势。比较优势理论已经变成一门伪科学。因为经济发展的各个阶段呈动态发展，而比较优势理论否认动态发展。事实上，任何遵循比较优势理论的发展中国家都没有发展，仍然落后和贫困，拉丁美洲和中东的许多国家都可以证明这一点。格克申龙认为，新兴经济体虽然经济落后，但是获得了战略优势，可以实行进口替代政策，通过制定竞争性出口策略推动工业化实现经济增长。一些新兴经济体能够跳过经济增长阶段，而其他国家则保持落后，陷入贫困之中（Gerschenkron 1962）。

韩国、日本和中国等新兴国家通过发展工业能力而不是利用其比较优势来促进经济增长。这三个国家资源不足，靠的是公共投资和连贯的产业政策。从低生产率经济转向高生产率经济，需要进行经济结构转型。在双重经济结构中，比如中国，传统部门的生产率非常低，随着资源从传统部门向更先进的部门转移，国家经济就会增长。许多"一带一路"沿线国家和地区需要进行经济结构转型，而不仅仅依赖目前的比较优势。

比较优势正在发生变化，并可能转化为竞争优势。比较优势意味着公司可以以低于其竞争对手的机会成本生产产品。竞争优势源于公司相对于竞争对手的优势，从而区分其产品与竞争对手的产品，因此获得更高的收入，因为客户认为其产品具有更高的价值。当与之竞争的国家在同类产品上具有比较优势时，这些国家可能会输。例如，中国出口的增加可能会排挤其他国家的同类市场产品，墨西哥经济增长放缓，有一部分原因是中国的出口增加。

当新兴国家与发达经济体具有相同的比较优势时，新兴国家可能会被视为竞争对手。许多新兴国家引进技术以改善其生产结构，进而改善其出口结构，生产可能性曲线随之向上移动，从而提高了竞争优势。因此，这些新兴国家的互补和竞争模式也发生了变化（Kaplinsky and Messner 2008）。

由于初级产品的比较优势，专门从事初级产品出口的经济体虽然会在一段时间内提高初级产业的盈利能力，但可能会对整个国家的经济发展产生不利影响。新兴经济体主要从事出口，但并非所有新兴经济体都享有平等的出口份额。即使要素禀赋相似的国家，其出口构成和规模也不同；除了要素禀赋方面的比较优势外，增加出口还涉及其他因素，经济战略政策可能是一部分原因。新兴市场国家和发展中国家应该同舟共济，因为它们都是全球经济增长的引擎。最新的 GDP 增长率显示，中国的 GDP 每年增长 6.3%，东亚的 GDP 每年增长 5.0%，新兴市场国家和发展中国家的 GDP 每年增长 4.4%，世界经济平均增长率为 3.3%，但发达经济体仅为 1.8%（IMF 2019）。

随着物质资本和人力资本的积累，新兴国家从服装等劳动密集型产业转向资本密集型产业，而低收入国家则转向各种新兴国家不再从事的劳动密集型产业。比较优势的变化一直很快，而且随着中国产品的日益成熟，比较优势预计会进一步变化。例如，1994 年中国前两大出口产品是鞋类和儿童玩具，但到 2008 年，这两类产品的出口份额从 3.5%下降到 2.4%。2008 年中国最大的出口产品是组装的计算机，占出口的 4.5%，电视、手机和无线电发射器占 30%（Hanson 2012），中国从服装出口转向电子产品出口，获得了“全球生产链中的更多环节”（Hanson 2012），并在生产过程中贡献了更大份额的附加值。

无论是低端制造业还是高端制造业，美国的制造业生产份额都在迅速下降。申卡尔认为，美国在技术和创新方面的竞争优势将会消失。在许多情况下，美国公司正在将制造业的工作岗位转移到中国，因为比较优势正在向中国制造商倾斜。

缪达尔和西尔斯都反对比较优势理论，因为他们认为比较优势理论适用于静态经济；然而，经济不断变化，其比较优势也在不断变化。从历史上看，贸易自由化会带来经济发展，但制定贸易自由化政策应考虑各个经济体的情况。在任何情况下，完全不受限制的贸易自由化可能阻碍发展中经济体攀登生产力阶梯，从而导致其经济发展不平衡。

3.6 多样化与专业化

根据赫克歇尔-俄林模型，当不发达国家专门从事廉价劳动时，对廉价劳动力的需求就会增加，随着对低技能劳动力的需求增加，他们的工资也会增加。但是，这与芬斯特拉和汉森的预测相矛盾，他们认为跨国公司将原材料等运输到不发达国家以利用其廉价劳动力，然后将生产的产品转移到发达国家以获得更高的回报。然而随着跨国公司向不发达国家转移技术以提高生产力，并雇佣不发达国家拥有较高技能的劳动力，这导致不发达国家对低技能工人的需求下降，从而使工资差距扩大。

中国的贸易模式表明，出口导向型产业所适用的技术资本和技能密集相对较少时，中国的模式与赫克歇尔-俄林模型一致。芬拉斯特和汉森提出的外包理论认为，出口贸易自由化促使跨国公司在中国建立生产基地，并向发达国家出口（Feenstra and Hanson 1966）。当跨国公司使用的技术工人比国内其他行业更密集时，对技术工人的需求相对增加，从而导致中国的工资差距扩大。所以，受教育程度较低的工人不太可能从贸易自由化中受益。

巴拉萨在 1953 年至 1971 年间对工业化国家比较优势的研究中发现，出口多样化随着技术发展水平的提高而提升。发展中经济体和新兴经济体可能根据其所处的不同经济增长阶段对世界出口作出贡献。虽然出口专业化可能会在短期内提高一些公司的盈利能力，但从长远来看，出口多样化而不是专业化促进了贸易和可持续的经济增长，也使国家能够更好地应对全球商品市场的冲击。

总体而言，全球化理念对具有比较优势的国家有利，对不具备比较优势的国家不利。各国的竞争优势正在发生变化，因此各国也在改变其对自由贸易的定义。例如，美国的保护主义意识越来越强烈，而在国际贸易中具有比较优势的国家会提倡自由贸易，反对贸易壁垒。全球化造成了类似于美国以及其他一些国家已经出现的“铁锈带”现象。为了防止这种情况发生，各国必须自我革新，促进可持续的经济增长。

以所谓的自由市场为基础的经济并不提倡包容性经济，其目的是增加企业的利润，而不是增进人民的福祉。未来的经济增长，尤其是“一带一路”倡议所设想的经济增长，需要大量资金用于必要的基础设施建设，而这些资金仅靠私营企业是难以提供的，因为这些项目远远超出了优化利润的范畴。

许多新兴国家试图通过贸易和政治联盟多样化来维护其自主权，重视扩大南南联盟，这使新兴国家在全球范围内具有更大的政治和经济影响力。

3.7 创造性、破坏性和防御性创新

技术变革和创新将创造新的就业机会，淘汰过时的就业机会，然而新的就业机会通常需要在新的专业领域对从事者进行再培训。技术含量低的工作可以由有竞争力的机器来完成，如有时无人驾驶汽车比人类驾驶的汽车安全。

各国将在开拓破坏性创新方面展开竞争。创新可能会引入新产品或升级旧产品，从而建立新市场，或者可能会改变生产或组织方

法，或者可能会使用替代资源来进行生产（Schumpeter 1934）。创新可能是防御性的或创造性的；防御性的创新可能增加一个国家在具有成本优势的国家面前的竞争力（Joshua 2015），而创造性创新则会促进内生经济增长（Joshua 2015）。一个领先产业最终可能会伴随着创造性破坏经历技术衰退，不过这可能会创造新的机遇（Schumpeter 1934；1949）。然而，以采矿业等采掘业增长为基础的经济增长却无法持久，因为这些产业不会出现破坏性创新。

西方经济体正在衰退，其许多产业也在衰退，这导致了中心国家去工业化，同时外围国家的工业化也随之发生转移。中心-外围理论认为，发展中国家和的欠发展是结构性的，因为它们的贸易模式如此。发达国家的技术创新增加了收益，从而加强了发达国家和发展中国家的贸易模式（Yang et al. 2017）。产品生命周期理论也强化了发达国家的去工业化进程。中国、韩国和印度等新兴经济体在国际贸易和经济增长中的重要性不断增强。创新不再是成熟经济体的专属活动，由中国和其他东亚国家主导的新熊彼特理论正在形成（Mathews 2013）。

破坏性创新的核心是调整经济结构。因此，与其保护过时的工作岗位，更重要的是创造新的工作岗位，由此竞争优势将发生转移。西方国家在制定国家竞争规则方面具有竞争优势，然而决定全球贸易的规则正在迅速变化，制定全球贸易规则的力量也在迅速变化。西方公司的外包项目在一定程度上导致了西方竞争力的下降。东亚尤其是中国，并不是在引领一场逐底竞赛，而是通过创新和技术突破引领着一场力争上游的竞赛。引发变革的原因可能是前卫的，也可能是保守的，因此将在不同程度上影响竞争和创新

(Aghion et al. 2005)。

创造性破坏的过程对于促进经济增长的产业更新和技术变革至关重要。在其他国家通过模仿或者在模仿差距期间进行自主创新之前（模仿差距可以用熊彼特的破坏性创新概念来解释），创新暂时赋予创新型国家垄断权（Schumpeter 1949）。模仿差距或模仿滞后可以分为不同的阶段，例如“国外反应滞后”“国内反应滞后”和“需求滞后”（Posner 1961）。波斯纳认为，不管创新是原创的还是模仿的，一个国家的“活力”都源于创新，而且“活力”会影响一国的国际贸易。

尽管“学以致用”的概念最近被许多学者所使用，例如阿罗和卢卡斯，但李斯特在其保护主义理论中早就提出了这一理念。拥有了资本，“活力”就会与资本产生联系，或者进一步得到增强。许多“一带一路”共建国家缺乏足够的资金，这也是造成其技术不足的原因之一，中国将资本注入这些国家可以对促进其经济增长产生深远影响。

内部研发和各种外部来源的知识对公司的创新能力有积极的影响（Chen et al. 2016）。外部知识包括科学知识、技术知识、市场知识和生产链所需的知识，每一种知识都对经济增长和经济发展作出了独特的贡献。人们发现，与其他来源的外部知识相比，中国国内研发和与价值链参与者之间的合作对创新的影响更大。

2008 年的全球金融危机对发达经济体的经济产生了重大影响。根据 2014 年经济合作与发展组织的数据，2008 年至 2012 年间经合组织在研发方面的支出仅为 2001 年至 2008 年间研发支出的一半。中国如今已成为全球领先的研发经济体。2008 年至 2012 年间，发达经济体的研发支出降至1.6%，而2001年至2008年间的研发支出则是这个数值的两倍。而中国的研发支出在2008年至2012年间翻了一番。如果没有适当的研发来促进更高效率和创新产品的开发，国家将无法保持竞争力。

中国进行高科技研发，因而有了高科技发明，建立了诸多研发工业园区。表3.1列出了2017年多家高新技术产业开发区主要指标。

表3.1 高新技术产业开发区主要指标（2017年）

（仅包括拥有2000家以上企业的产业开发区）

开发区名称	企业数（个）	从业人员（人）	营业收入（万元）	出口总额（万元）
中关村国家自主创新示范区	22013	2620437	530257999	20843514
上海张江高新技术产业开发区	5345	1062759	192580282	26311367
天津滨海高新技术产业开发区	4073	353116	44725282	3673088
西安高新技术产业开发区	3973	450982	112296750	14982058
广州高新技术产业开发区	3827	541788	71318365	7838352
武汉东湖新技术开发区	3052	554692	120124578	10910707
深圳高新技术产业开发区	2091	486875	72711727	14250926

续表

开发区名称	企业数（个）	从业人员（人）	营业收入（万元）	出口总额（万元）
杭州高新技术产业开发区	2015	324964	54800066	4409341
汇总	46389	6395613	119815046	322920415

来源：《中国统计年鉴（2017）》，根据表 20.21 选取并重新整理

总体而言，截至 2017 年，约有 103631 家企业参与了高新领域技术研究。

3.8 中国的高科技转型

中国提出“中国制造 2025”，然而，要成功落实这一计划，中国需要全球市场。虽然西方国家普遍信奉丛林法则，但它们并不希望中国变得太有竞争力。它们认为，中国的“中国制造”计划旨在让中国成为机器人、航空航天、造船、人工智能和太空探索等高科技领域的全球领导者。中国正在从“中国制造”向“中国创新”的阶段迈进，向全球价值链上游端攀升（Liefer and Wei 2014）。

中国正在迅速升级信息技术等高科技领域的技术，这使中国与其贸易伙伴的全球贸易竞争变得更为激烈，最终中国将成为占主导地位的经济大国。专利申请是未来经济发展的重要指标，没有创新，就无法维持中长期的经济增长和发展。

通过模仿，从国外的创新中获取知识，这可以为落后国家的企业创新提供基础。通过模仿进行学习是否有效，这取决于落后国家是否能够向更具创新性的经济转型，从而超越其最初模仿的领先国

家（Brezis et al. 1993）。最初，中国通过开放市场和劳动密集型制造业实现经济增长，但现在中国坚持自主创新。

如今，中国在至少两个领域具有竞争优势：拥有巨大的国内市场和愿意投入资源实施产业政策的政府。

市场规模是需求拉动的结果，是诱导创新的一个重要因素（Schmookler 1966）。需求增加带来收入增加，生产过程的效率就会提高，节约的生产成本就越多。中国正在经历类似于二战后美国所经历的规模效益（Huang and Sharif 2015），那时许多欧洲的创新技术被引入美国，因为美国拥有所需的规模经济。现在许多西方的创新技术被引入中国，中国现在具备所需的规模经济，这是中国迅速扩大的国内市场和中国出口快速增长的结果。

随着不同经济体之间经济实力的转变，技术也在不同地理区域间发生转移。黄灿和瑙巴哈尔·谢里夫（2015）分析了技术是如何在不同地区之间转移的。阿布拉莫维茨（1986）认为，只要技术落后的国家拥有足够的人力资本和社会能力来消化发达经济体使用的技术，这些国家加快经济增长的潜力就会比发达经济体更大。

相关经济部门之间存在知识溢出，也就是说，关系更密切的行业之间也更有可能出现技术和知识转移。行业相互关联，就更有可能为相关知识创新提供必要的条件。技术相互关联，认知互相接近时，知识溢出的效率更高。

中国的另一个优势是，中国拥有由政府指导的可行的产业政策，而西方经济体并未拥有这样的产业政策。为了提高一个国家的创新能力，需要进行科技教育，增加研发活动。创新能力需要高等教育。政府主导的健全的工业和创新政策创造了新技术，如果国家没有能力吸纳这些新技术，高等教育就难以继续研发新技术。中国的风力涡轮机产业政策就是一个很好的例子。风电优惠和上网电价补贴政策带动了中国风力涡轮机制造业的快速发展。2005年之前，中国的风电装机容量几乎为零，在2006年至2009年，中国的风电装机容量每年翻一番。2010年，全球新安装的风力涡轮机有三分之一在中国，到2013年，中国风电装机容量达到91.4千兆瓦，占世界总量的29%。在全球化经济中，并非每一项创新都必须重新发明，一方面可以通过收购和合并获得，另一方面可以通过合作研发获得。购买先进技术提升了中国企业在国内外市场的竞争能力。

可持续的经济发展需要新的知识和创新。虽然一些学者对发展中国家和新兴经济体已经进行了一些研究（Fernandes et al. 2010），但是大多数关于大学-产业知识转移的研究关注的是工业化经济体（Rossi 2010）。扩大本科层面的大学教育不足以满足研究需要，也不能带来创新。此外，大学与产业之间的互动可能取决于经济发展水平，因为不同的经济发展阶段需要不同类型的知识。增加研发支出是形成上升的学习曲线所必需的。但是，私营企业无法将研发带来的利益都用于分配，如果研发带来的利益惠及整个社会，政府就会重点资助研发。

3.9 经济发展的策略

经济发展战略必须区分对经济发展有贡献的要素和没有贡献的要素。发展中国家普遍具有二元性，存在传统和现代两类部门，在不同程度的发展中交织着各种文化，在通过“一带一路”倡议实现互联互通的地区尤其如此。

对经济增长和经济可持续发展进行可行性评估，还必须考虑经济所处的文化环境。“一带一路”共建国家的社会经济条件各不相同，而且在许多情况下还在不断变化，因此不同的国家可能适用不同的政策。褚健和郑小平发现，1996 年至 2005 年，中国的财政分权增加了基础设施和教育支出，这有助于区域经济增长（Chu and Zheng 2013）。

人们认为，文化是“集体的头脑编程”（Hofstede and Bond 1988），因此文化传递的价值观形成了个人的感知，并在很大程度上决定了个人的行为。叶德珠、余林徽等人发现，文化的边际效应对经济成效有显著影响。中国有不同的地域文化，这些地域文化对中国经济发展的影响各不相同。其对经济增长的影响在东部沿海省份最强，在中国内陆省份最弱。他们还表示，农业对区域经济发展具有重大的负面影响，认为农业发展阻碍了更有利于经济逐渐发展的商业文化。

产业集群在经济转型中至关重要。产业集群是位于同一地理区域的同一部门的产业聚集（Lu and Ganne 2016）。这种产业集群可以增强“一带一路”倡议各个共建国家的经济活力。这里可以借鉴中国集群建设的经验。例如，在珠江三角洲的那些城市中，有四分之一已建成产业集群，来促进专业化生产，还有 300 多个专业集群（Lu and Ganne 2016）。许多这样的产业集群已经发展到全球国际市场。这些产业集群促使中国走向国际市场并在国际贸易中取得发展。产业集群可能会扩张，从而推动不发达地区的经济增长，然而，无法解决地区之间发展不平衡的问题，反而会使这些问题再次出现（Sheppard 2012），除非通过建立贸易联系解决发展不平衡的问题。

在设计一个可行的经济发展方案时，应采用多学科方法，在方案规划阶段和实施过程中考虑相关的社会和文化因素。对于各国的发展，发展理论往往滞后，因为这些理论具有反应性而非前瞻性。

3.10 结论

上文对经济发展理论和经济发展过程，以及经济增长和全球化进程对收入分配的影响进行了分析。技术的不断进步和互联互通的不断增强将推动促进全球经济一体化，全球化会迫使公司进行产品创新。

各经济体会经历不同的经济发展阶段，在不同的阶段需要不同的经济政策，其过程涉及多个经济学学科。在经济发展的早期阶段，经济往往多样化，而在后期阶段，经济倾向于专业化（Imbs and Wacziarg 2003）。市场规模的扩大可能带来多样化，从而促进经济增长。创造更多的人力资本也可能带来更多的多样化。对于专门从事原材料出口的经济体来说，特别是原材料在出口前未经加工，该经济体的其他经济部门无法受益时，更大程度的多样化就尤为重要。

比较优势在世界范围内一直在转移。过去四十年来，比较优势一直在向东亚转移，与此同时南北贸易呈现下降趋势。需要指出的是，符合比较优势理念的发展中国家处于欠发达状态，它们会转而主张发展工业能力，而通过实施“一带一路”倡议可以提升各共建国的工业能力。

竞争优势可以通过参与创造性创新、破坏性创新和防御性创新来获得。本章分析了创造性破坏对实现可持续经济增长至关重要的原因。中国正在提高其技术能力，包括提高逐渐取代低附加值生产的高科技产业的技术能力。中国的高附加值商品的出口预计会增加，其贸易格局正在迅速变化。

经济结构不断变化才能实现经济可持续增长，从而朝着更高的生产率方向发展。价格竞争只是一个短期的解决方案，汇率的变化会影响价格，但忽略了保持竞争力可能需要的结构转型。产业政策必须包含能够改变经济结构以提高国家发展能力的可行政策。

中国发展经济需要大量原材料，"一带一路"倡议的目的之一是确保中国经济发展所需的能源供应，并提供出口市场。共建"一带一路"可以使中国的原材料和能源供应多样化，这对国家安全至关重要。中国目前正朝着应用高科技的方向发展，特别是在机器人、航空航天和人工智能领域。应用高科技方面的努力对中国成为经济主导力量并成功推动经济持续发展至关重要。

各经济体经历经济发展的不同的阶段，不同的阶段需要不同的经济政策。中国在 20 世纪 60 年代后经历了多个阶段，并向重工业化迈进。1978 年改革开放后，中国开始建立国际市场，通过出口加速经济增长，尤其是在人们认识到没有足够的市场就无法实现工业化的情况下。20 世纪 90 年代以后，中国开始开放国际贸易和外国投资，并实施"走出去"政策。

发展经济需要改变教育的内部结构，让城乡人口实现流动，形成适当的人力资本，改变技术使用方式。然而，经济增长未必会使广大民众平等受益；此外，消除贫困并不总是政府政策的首要目标。经济增长会导致收入分配的变化，不同地理区域将受到经济增长的不同影响，包括阻碍经济增长的贫困陷阱。“一带一路”倡议可以通过建设多个项目来加强彼此的联系与合作，促进“一带一路”共建国家的包容性经济发展，从而减少贫困现象。

经济发展应增进一个国家及其公民的福祉，而不仅仅体现在经济增长上。经济可持续发展也可能需要现代化进程。现代化进程将面临各种障碍，因为有些问题与文化有关，有些根深蒂固的观念难以改变。因此，现代化进程不仅是一个长期进程，而且是一个持续的进程。建设基础设施不仅对促进经济增长至关重要，而且对提高卫生水平等也非常重要。政府会优先考虑建设能直接促进经济增长的基础设施，而不是优先考虑建设能间接促进经济增长的领域，例如改善公众健康状况等。

各经济体正在经历一个转型，并不知道转型的最终阶段是什么样，但在转型过程中会假定已知最终阶段。在做有关经济增长和经济可持续发展的决策时，区分经济体的转型和过渡非常重要。发展中经济体必须转型，否则经济将停滞不前。只有实施社会和经济结构改革，经济才能取得进展。

“一带一路”倡议对经济增长和经济可持续发展的贡献将在很大程度上取决于可行的产业和创新政策。共建“一带一路”将促进互联互通，使相关国家和地区进入新市场。然而，“一带一路”倡议的实施需要适当的成本效益分析，包括“一带一路”共建国家创造的商誉成本和效益等各种无形变量、地缘政治影响、获得原材料的成本和收益以及未来可能遇到的政治干预等。

参考文献

Abramovitz, M. (1986). Catching Up, Forging Ahead, and Falling Behind. Journal of Economic History, 46(2), 385-406.

Acemoglu, D., & Zilibotti, F.(1997). Was Prometheus Unbound by Chance? Risk, Diversification, and Growth. Journal of Political Economy, 105(4), 709-751.

Agenor, P.R. (2010). A Theory of Infrastructure-Led Development. Journal of Economic Dynamics and Control, 34(5), 932-950.

Aghion, P., Bloom, N., Blundell, R., Griffith, R., &Howitt, P. (2005). Competition and Innovation: An Inverted U-Relationship. Quarterly Journal of Economics, 120(2), 701-728.

Arrow, K. J. (1962). The Economic Implications of Learning by Doing.Review of Economic Studies, 29(3), 155-173.

Balassa, B. (1977).A Stages Approach to Comparative Advantage (World Bank Staff Working Papers No. 256). Washington, DC: World Bank.

Balassa, B. (1986). A “Stages Approach” to Comparative Advantage.The Newly Industrializing Countries in the World Economy. Baltimore, MD: John Hopkins Press.

Barro, R. J. (1990). Government Spending in a Simple Model of Endogenous Growth.Journal of Political Economy, 95, S103-S125.

Barro, R. J. (1991). Economic Growth in a Cross Section of Countries. Quarterly Journal of Economics, 106(2), 407-443.

Barro, R. J. (1997).Determinants of Economic Growth: A Cross-Country Empirical Study. Cambridge, MA: The MIT Press.

Bosworth, B., & Collins, S. M. (2008). Accounting for Growth: Comparing China and India. Journal of Economic Perspectives, 22(1), 45-66.

Brezis, E. S., Krugman, P.R., & Tsiddon, D. (1993). Leapfrogging in International Competition: A Theory of Cycles in National Technological Leadership. American Economic Review, 83(5), 1211-1219.

Broadman, H. G. (2007). Africa's Silk Road: China and India's New Economic Frontier. Washington, DC: The World Bank.

Calderon, C., & Serven, L. (2008). Infrastructure and Economic Development in Sub-Saharan Africa (Policy Research, Working Paper No. 4712). Washington, DC: World Bank.

Calderon, C., & Serven, L. (2014). Infrastructure, Growth and Inequality: An Overview (Policy Research, Working Paper No. 7034). Washington, DC: World Bank.

Chen, Y., Vanhaverbeke, W., & Du, J. (2016). The Interaction Between Internal R&D and Different Types of External Knowledge Sourcing: An Empirical Study of Chinese Innovative Firms. R&D Management, 46(S3), 1006-1023.

Chow, G. C. (1993). Capital Formation and Economic Growth in China. Quarterly Journal of Economics, 108(3), 809-842.

Chow, G. C., & Li, K. W. (2002). China's Economic Growth: 1952-2010. Economic Development and Cultural Change, 51(1), 247-256.

Chu, J., & Zheng, X.-P. (2013). China's Fiscal Decentralization and Regional Economic Growth. The Japanese Economic Review, 64(4), 537-549.

Deardorff, A. V. (1984). An Exposition and Exploration of Krueger's Trade Model. Canadian Journal of Economics, 17(4), 731-746.

Feenstra, R. C., & Hanson, G. H. (1996). Globalization, Outsourcing, and Wage Inequality. The American Economic Review, 86(2), 240-245.

Fernandes, A. C., De Souza, B. C., Da Silva, A. S., Suzigan, W., Chaves, C. V., & Albuquerque, E. (2010). Academy-Industry Links in Brazil: Evidence

About Channels and Benefits for Firms and Researchers.Science and Public Policy, 37(7), 485-498.

Gerschenkron, A. (1962).Economic Backwardness in Historical Perspective. Cambridge, MA: Belknap Press.

Hanson, G. H. (2012). The Rise of Middle Kingdoms: Emerging Economies in Global Trade.Journal of Economic Perspectives, 26(2), 41-64.

Henderson, J., & Nadvi, K. (2011). Greater China, the Challenges of Global Production Networks and the Dynamics of Transformation. Global Networks, 11(3), 285-297.

Hirschman, A. (1958).The Strategy Economic Development. New Haven, CT: Yale University Press.

Hofstede, G., & Bond, M. H. (1988). The Confucius Connection: From Cultural Roots to Economic Growth. Organizational Dynamics, 16(4), 5-21.

Huang, C., & Sharif, N. (2015). Global Technology Leadership: The Case of China. Science and Public Policy, 43(1), 62-73.

Imbs, J., & Wacziarg, R. (2003). Stages of Diversification. American Economic Review, 93(1), 63-86.

International Monetary Fund. (2019, April).IMF DataMapper. Real GDP Growth. Washington, DC: IMF.

Joshua, J. (2015).The Contribution of Human Capital towards Economic Growth in China. Houndmills, Basingstoke, and Hampshire: Palgrave Macmillan.

Joshua, J. (2017).China' s Economic Growth: Towards Sustainable Economic Development and Social Justice (Vol. I). London: Palgrave Macmillan.

Kant, I. (1994/1803). Lectures on Pedagogy. In M. J. Gregor& A. W. Wood (Eds.), The Cambridge Edition of the Works of Immanuel Kant: Practical Philosophy (pp. 434-485). Cambridge: Cambridge University Press.

Kaplinsky, R., & Messner, D. (2008). Introduction: The Impact of Asian Drivers on the Developing World. World Development, 36(2), 197–209.

Kuznets, S. (1955). Economic Growth and Income Inequality. American Economic Review, 45(1), 1–28.

Leamer, E. E. (1987). Paths of Development in the Three–Factor, n–Good General Equilibrium Model. Journal of Political Economy, 95(5), 961–999.

Leontief, W. (1953). Domestic Production and Foreign Trade: The American Capital Position Re–examined. Proceedings of the American Philosophical Society, 97(4), 332–349.

Leontief, W. (1958). Factor Proportions and the Structure of American Trade: Further Theoretical and Empirical Analysis. Review of Economics and Statistics, 40 (1), 111–116.

Lewis, W. A. (1955). The Theory of Economic Growth. London: Allen & Unwin.

Li, X., & Shaw, T. M. (2014). “Same Bed, Different Dreams” and Riding Tiger Dilemmas: China's Rise and International Relations/Political Economy. Journal of Chinese Political Science, 19(1), 69–93.

Liefer, I.& Wei, Y. D. (Eds.). (2014). Innovation and Regional Development in China. London: Routledge.

Lin, J.Y. (2009). Economic Development and Transition: Thought, Strategy, and Viability. Cambridge, UK: Cambridge University Press.

Lin, J.Y. (2011). New Structural Economics: A Framework for Rethinking Development. World Bank Research Observer, 26(2), 193–221.

List, F. (1885/1841). The National System of Political Economy (S. Sampson Lloyd, Trans.). London: Longmans Green and Co.

Lu, S., & Ganne, B. (2016). From Farm Tools to Electric Cars: A Study of the Development of a Chinese Industrial Cluster: The Case of Yongkang in

Zhejiang (1980–2010). China Perspectives, 16(1), 37–48.

Lucas, R. E. (1988). On the Mechanics of Economic Development.Journal of Monetary Economics, 22(1), 3–42; also in Grossman, G. M. (Ed.). (1996). Economic Growth: Theory and Evidence, Vol. I (pp. 284–323). Cheltenham, UK: Edward Elgar.

Lucas, R. E. (1993). Making a Miracle. Econometrica, 61(2), 251–272.

Marx, K. (1906/1867). Capital: A Critique of Political Economy, Vol. I: The Process of Capitalist Production (F. Engels, Ed.). New York: The Modern Library.

Mathews, J. (2013). The Renewable Energies Technology Surge: A New– Economic Paradigm in the Making?Futures, 46: 10–22.

Myrdal, G. (1956).An International Economy. New York: Harper & Bros.

Myrdal, G. (1957). Economic Theory and Underdeveloped Regions. New York: Harper Torchbooks.

OECD.(2014).Science, Technology and Industry Outlook. Paris: OECD Publishing.

Pál, N. (2013). Chinese Investors, Labour Discipline and Developmental Cosmopolitanism. Development and Change, 44(6), 1387–1405.

Picard, P.M., &Zeng, D. Z. (2010). A Harmonization of First and Second Natures. Journal of Regional Science, 50(5), 973–994.

Posner, M. V. (1961). International Trade and Technical Change .Oxford Economic Papers, 13(3), 323–341.

Ricardo, D. (1951—1973/1817).On the Principles of Political Economy and Taxation, in the Works and Correspondence of David Ricardo (P. Sraffa & M. Dobbs, Eds.; chapter 7: On Foreign Trade). Cambridge: Cambridge University Press.

Roland–Holst, D., & Weiss, J. (2005). People' s Republic of China and Its Neighbours Evidence on Regional Trade and Investment Effects. Asian Pacific Economic Literature, 19 (2), 18–35.

Romer, P. M. (1994). The Origins of Endogenous Growth. Journal of Economic Perspectives, 8(1), 3–22.

Rossi, F. (2010). The Governance of University–Industry Knowledge Transfer. European Journal of Innovation Management, 13(2), 155–171.

Rostow, W. W. (1956). The Take–Off into Self–Sustained Growth. Economic Journal, 66(261), 2548.

Rostow, W. W. (1960). The Stages of Economic Growth: A Non–communist Manifesto. Cambridge: Cambridge University Press.

Rostow, W. W. (1971). The Stages of Economic Growth: A Non – Communist Manifesto (2nd ed.). Cambridge: Cambridge University Press.

Rostow, W. W. (1980). Why the Poor Get Richer and the Rich Slow Down: Essays in the Marshallian Long Period. Austin: University of Texas Press.

Schmookler, J. (1966). Invention and Economic Growth. Cambridge, MA: Harvard University Press.

Schultz, T. W. (1961). Investment in Human Capital. American Economic Review, 51(1), 1–17.

Schultz, T.W. (1964). Transforming Traditional Agriculture. New Heaven, CT: Yale University Press.

Schumpeter, J. (1934). The Theory of Economic Development. Cambridge, MA: Harvard University Press.

Schumpeter, J. (1949). The Theory of Economic Development (3rd ed.). Cambridge, MA: Harvard University Press.

Seers, D. (1963). The Limitations of the Special Case. Bulletin of the Oxford University Institute of Economics & Statistics, 25(2), 77–98.

Shenkar, O. (2004).The Chinese Century: The Rising Chinese Economy and Its Impact on the Global Economy, the Balance of Power, and Your Job. Upper Saddle River: Wharton School Publishing.

Sheppard, E.(2012). Trade, Globalization and Uneven Development: Entanglements of Geographical Political Economy. Progress in Human Geography, 36(1), 44-71.

Shi, S., Huang, K., Ye, D., &Yu, L. (2014). Culture and Regional Economic Development: Evidence from China. Papers in Regional Science, 93(2), 281-300.

Smith, A.(1999/1776).The Wealth of Nations, Book I-III. London: Penguin Books.

Stolper, W., & Samuelson, P. (1941). Protection and Real Wages. Review of Economic Studies, 9(1), 58-73.

Wen, Y., &Fortier, G. E. (2016).The Visible Hand: The Role of Government in China's Long-Awaited Industrial Revolution . Federal Reserve Bank of St. Louis Review, 98(3): 189-226.

Yang, Y., Poon, J. P., & Dong, W. (2017). East Asia and Solar Energy Trade Network Patterns. Geographical Review, 107(2), 276-295.

Yogo, U. T., & Verdier-Chouchane, A. (2015). Enhancing North Africa's Infrastructure for Improved Competitiveness. African Development Review, 27(3), 274-287.

第 4 章　区域一体化、贸易和“一带一路”倡议

4.1 引言

国际贸易的经典理论认为，贸易会促进贸易伙伴之间的互惠互利，萨缪尔森认为自由贸易最终会促使全球收入均等化（Samuelson 1948）。全球收入均等化趋势促使国内和国际市场增长，从而促进经济增长。国际贸易和全球化是否会加速国家间的经济增长，这取决于相关国家具体的社会和经济状况。加强互联互通可能会提供更多的机会，减少贫困人口、提高教育水平，促进资本流动和技术转让。没有任何一项经济政策可以同样地适用于所有国家并取得成功。政策制定者通常会提到减少贫困人口和提高教育水平的必要性，但这通常不是经济政策关注的重点。

因为外国投资、国际金融、全球生产网络的流动以及其他因素，产品和服务贸易会随之增加。史密斯认为，自由贸易扩大了市场，市场越大，从劳动分工中获得的收益就越大（Smith 1999/

1776)。随着贸易伙伴数量的增加，出口国的出口组合变得更加多样化。贸易伙伴数量减少时，出口国更容易受到贸易伙伴经济形势或贸易政策波动的影响。

中国支持自由贸易，反对保护主义，并试图让拉丁美洲和加勒比等其他地区参与共建“一带一路”倡议。所有“一带一路”共建国家的重点都是投资，重点投资用于基础设施建设，也用于开发能源和各种原材料，促进科技创新，投资制造业以及农业部门，还用于后续融资。这些因素都有助于全球贸易的发展。

本章探讨了水平效应以及贸易效应，介绍了中国的“走出去”政策，以及中国的国际贸易关系和各种贸易协定，强调了双边贸易协定的重要性，分析了不同国家扩大贸易开放的结果，还讨论了资源诅咒的可能性和影响。

本章分析了贸易中的互补效应和竞争效应，剖析了出口的拓展边际、集约边际及其与经济增长的关系，还介绍了产品周期通过贸易对经济增长的贡献。

4.2 通过一体化加强发展

“一带一路”倡议有望带动全球经济结构调整和地方转型。波斯玛和富林肯（Boschma and Frenken 2006）介绍了经济演化的基本过程，以及可能促进或阻碍经济发展的动态机制。区域不平衡在很大程度上影响了经济发展进程，因此不同发展状况的地区必须适用不同的政策。21 世纪初，改善基础设施旨在将贫困地区纳入经济发展范围之中，从而扩大对中国国内产业的有效需求。该情况也适用于“一带一路”共建国家和较为落后的地区。

国际贸易的不平等可能导致有些国家出现贫困和经济停滞，或延长贫困和经济停滞的时间。例如，原材料的价格不变，发达经济体的制造业生产率可能加快增长，那么贸易所带来的利益会汇聚到工业化程度较高的国家，从而加剧发展不平衡（Sarkar and Singer 1991）。

在贸易理论中，促进商品流通的运输和通信通常被部分忽略或者完全被忽略，区域发展可以通过多种方式获得（Bergmann 2011）。根据基础条件的不同，地区之间会出现分化和融合、专业化和多元化，还可能形成联系。通过基础设施建设加强互联互通的结果很难与主要贸易理论相一致，特别是以生产要素丰富程度为基础的比较优势理论。事实上，基础设施建设、互联互通和运输可以说是商品和服务生产的内在因素，而不是外在因素。所有“一带一路”共建国家的社会经济条件各不相同，因此利益不同，战略也不同。

双边自由贸易协定（FTA）激增在一定程度上是市场驱动的经济一体化加剧的结果。现在各国正在推进多项整合举措，促成一个新的世界秩序，因此此类项目已成为全球竞争的对象。

“一带一路”倡议将根据共建国家的国内经济和地理位置推动经济一体化。“一带一路”倡议可以提供新的机遇，最终促使新的经济活动的产生。通过加强互联互通，“一带一路”倡议还可以促进国家之间建立相互依存的友好关系。

“一带一路”共建国家不应仅被当作原材料供应商和能源来源地；如果妥善实施“一带一路”倡议，可以促进这些国家的经济发展。随着各参与国的经济形势不断变化，各国的贸易和经济发展的速度也会随之发生变化。

“一带一路”倡议于2013年提出，欧亚经济联盟（EAEU）于2015年启动，它们可以形成更大的欧亚伙伴关系，而哈萨克斯坦共和国将成为欧亚经济联盟与“一带一路”倡议的重要枢纽。伊朗加入欧亚经济联盟自由贸易集团已有三年，为自由贸易区达成协议做了准备。越南于2016年与欧亚经济联盟签署自贸协定。

建立东亚共同体不仅有利于中国和日本，也有利于其他东亚国家，包括韩国和朝鲜。中日经济与其他东亚国家经济具有高度互补性，但首先必须克服彼此的一些不信任和敌意。《区域全面经济伙伴关系协定》（RCEP）是一个由15个亚太国家制定的协议，15个亚太国家包括东盟的10个成员国以及中国、日本、韩国、澳大利亚和新西兰。

根据赫克歇尔-俄林模型，在要素禀赋驱动专业化的情况下，中国的出口对要素禀赋相近的国家影响较大，而对要素禀赋与中国不同的国家影响较小。然而，赫克歇尔-俄林模型忽略了技术水平、基础设施、教育水平或政府政策等其他重要因素，例如中国鼓励中国企业到其他国家投资的“走出去”政策促进了出口，从而使水平效应为负，相对效应为正。此外，需要考虑不同国家之间的生产互补性，特别是东亚国家已建立高度集成的供应链（Athukorala 2009）。

自2001年实施“走出去”政策以来，中国在东盟国家的直接投资大幅增加（Shi 2008；Cheung and Qian 2009），在东亚建立了各种自由贸易区。越南于1995年成为东南亚国家联盟（ASEAN）

成员，并于 1998 年加入亚太经济合作组织（APEC）。中国—东盟自由贸易区（CAFTA）于 2010 年初启动。东盟国家的高收入成员国是文莱和新加坡，中等收入成员国包括马来西亚、菲律宾、泰国和印度尼西亚，低收入成员国是柬埔寨、老挝、缅甸和越南。

中国与主权国家的第一个标准双边贸易协定是 2005 年与智利签署的，该协定在两年内取消了智利 74%的关税和中国 63%的关税（Wang 2011）。中国和新西兰缔结了自由贸易协定，该协定于 2008 年生效，这是中国与发达经济体之间的第一个自贸协定。该协定考虑最终取消 96%贸易商品的关税（Wang 2011），还考虑制定劳工合作和环境合作的条款，包括遵守国际劳工组织颁布的《关于工作中基本原则和权利宣言》（New Zealand Ministry of Foreign Affairs and Trade 2008）。

此后，中国与冰岛、挪威和瑞士等多个国家签订了自由贸易协定。中国的自由贸易协定不仅将改变相关国家之间的贸易关系，还可能改变世界贸易格局。例如，根据中国-东盟自由贸易协定，中国在 2010 年至 2011 年间将东盟商品的平均关税从 9.8% 降低到 0.1%；中国-新加坡自由贸易协定实现了两国之间几乎所有贸易商品贸易免税（Wang 2011）。中国还通过类似项目扩大了与孟加拉国、巴基斯坦、伊朗和尼泊尔等国家的双边合作。双边贸易关系需要制定互惠合作的贸易政策，但是，多边贸易关系引起的问题不能通过双边谈判解决。

西塔农萨和丰田章男的研究发现，建立东亚自由贸易区对于促进区域内贸易至关重要。他们还发现，双边贸易流量（bilateral trade flow trading）与贸易国 GDP 规模和贸易国 GDP 之和呈正相关，与要素禀赋、运输成本和进口关税的差异呈负相关（Suvannaphakdy and Toyoda 2014）。

2009年，中国成为世界第一大出口国，对其他国家的经济产生了影响，带来了新的挑战和机遇。出口国家的生产率普遍高于非出口国家的生产率。1994年中国出口率为3.3%，2008年增至13.5%，而同年日本的出口降幅最大，从12.53%降至6.80%。新加坡、马来西亚和印度尼西亚也出现出口减少的情况（Kong and Kneller 2016）。在存在规模经济的情况下，国家通常会出口那些在国内拥有较大市场的商品（Krugman 1980）。一方面，强劲的生产率增长可能导致通货紧缩，因为产品价格下降，实际工资由于生产率的提高而增加；另一方面，通货紧缩也可能是由货币冲击引起的。

中国出口的不断增加导致一些发展中国家的制造业市场份额减少（Kaplinsky and Morris 2008）。罗兰-霍尔斯特和魏斯发现，目前中国的贸易结构类似于1990年的韩国。他们认为，中国的出口增加导致其邻国和美国的市场份额减少，特别是在贸易伙伴专业化的产品领域（Roland-Holst and Weiss 2005），促进区域经济一体化可以促进区域内贸易和外向型经济发展。中国经济的快速增长促进了区域经济一体化，从而增加了亚洲内部贸易（Athukorala 2009; Haddad 2007）。

贸易的主要障碍是缺乏足够的基础设施来实现贸易所需的互联互通。非洲制造业的发展很大程度上受到了基础设施不足和无法利用规模经济优势的影响，“一带一路”倡议中的基础设施建设可以在很大程度上改善这种情况，“一带一路”倡议可以促进许多共建国家制造业的发展。如果印度想要继续在经济增长中表现出色，就必须建立一个核心的制造业，而不仅仅是发展服务业。加入“一带一路”倡议将给印度及其经济带来巨大好处，可以为印度的制造业产品提供所需的市场，从而推进“印度制造”政策，解决部分快速增长人口的失业问题。

印度的经济发展非常不平衡，收入分配也不平等。例如，由于获得食物供应的机会不均衡，并不是每个人都拥有足够的食物。粮食安全意味着有充足的食物供应。森（Sen 1981）讨论了发生的各种饥荒，例如 1943 年的孟加拉国饥荒、1972—1974 年的埃塞俄比亚饥荒和 1974 年的孟加拉国饥荒，并将重点转移到如何获得食物的问题上。印度是一个食物分配不均的典型案例，“印度食物自给自足，但营养不良人口居世界之首”（Reddy 2016），同时“印度营养不良的儿童和孕妇人数最多，大量儿童营养不良”（Reddy 2016）。雷迪发现，印度的国民营养健康状况没有巴西和中国好（Reddy 2016）。

4.3 国际贸易和全球化

根据斯托尔珀和萨缪尔森提出的模型，贸易保护导致稀缺生产要素（如资本和熟练劳动力）的价格上涨。一方面，由于竞争，扩大贸易开放将降低价格。斯托尔珀和萨缪尔森认为，贸易扩张将提高技术工人的工资，而降低经济发达国家的非技术工人的工资。因此，可以认为美国工资的下降以及收入不平等的加剧是全球贸易变化的结果，尤其是中美贸易变化的结果（Stolper and Samuelson

1941）。另一方面，因为“一带一路”倡议，中国工人的工资预计将随着全球贸易的增长而增加（Leamer 1995；Wood 1995）。当然，不同行业受到的影响会有所不同。

伍德认为，由于发达经济体与发展中国家经济体之间的贸易增加，导致发达经济体非技术工人的工资下降，另一个原因是技术进步导致对非熟练劳动力的需求减少（Wood 1995）。从长远来看，保护主义政策对降低失业率毫无帮助，因此发达经济体不会恢复非技术性工作。替代政策是制定培养人力资本的政策，然而这并不能帮助现有的非熟练劳动力，因为人力资本的形成是一个长期的过程。

中国和印度日益增长的全球贸易将对其他国家的自然资源部门产生正面影响，而对劳动密集型部门产生负面影响。库兹涅茨认为，在经济发展的早期阶段，当经济从农业结构转向工业结构时，收入不平等会加剧，一旦完成这种转变，收入不平等可能会减少（Kuznets 1955）。然而，波利卡多等人表示，“1980 年至 2009 年期间，基尼指数增长 1%导致巴西人均 GDP 下降 13.3%”（Policardo et al 2016），而在中国，“人均 GDP 增长 1%导致基尼指数上升 0.54%”（Policardo et al 2016），中国成功地降低了贫困水平。然而，由于贸易自由化、汇率自由化和中国加入 WTO 等原因，收入不平等的程度不断加剧，受益的是拥有资本的人。因此，减贫与公平并没有必然的联系（Policardo et al 2016）。

贸易竞争促使企业雇佣更多熟练劳动力，使用更多的技术，努力提高创新率，提高生产质量和运营效率，推出新产品。由于中国的生产成本低廉，许多跨国公司将中国作为制造业的工厂以增加自身利润。中国中产阶级的崛起“将中国以产品为导向的市场变为以品牌为导向的市场”（George and Kumar 2017）。一个品牌要想成为全球品牌，必须先在国内市场成为一个知名度高的品牌。虽然目前中国的品牌在国外知名度普遍较低，但中国企业正在使用各种策略，让中国品牌获得全球认可（George and Kumar 2017）。

当品牌成为国内知名品牌后，必须适应国际市场的环境。然后，利用国内经验向国外市场扩张。为了降低风险，最初的营销策略是进入细分市场，然后进行规模化的扩张；收购和合并战略也有助于增加营销机会。中国品牌具有一些相对成本优势，因此可能首先进入新兴经济体市场，因为其消费者可能对价格更敏感。然而，在发达经济体中，“中国制造”这一标签目前处于不利地位，因为在这些经济体中，该标签通常被认为质量差、可靠性不强。随着中国出口产品的质量提高，这种看法最终可能会被颠覆。此外，走向全球的中国公司必须改善与客户的关系，包括提高售后服务质量。收购和合并可以用来解决其中一些问题，然而，从长远来看，中国企业必须培养客户对品牌的忠诚度。

在这种情况下，全球化意味着通过贸易开放和资本自由化实现经济一体化。汉森发现，1994 年到 2008 年，贸易占地区 GDP 的比重迅速增长。在中等收入国家，出口占 GDP 的比重从 26%增加到 55%；在中国和印度，出口占 GDP 的比重从 25%上升到 44%；而高收入国家出口占 GDP 的比重则从 17%上升到 26%（Hanson 2012）。

人们认为“一带一路”倡议实质上是新型经济全球化，通过扩大国内市场，与共建国家之间的贸易相辅相成。“一带一路”共建国家的经济结构以及政治、社会和法律框架各不相同。可以说，

“一带一路”倡议更关注国际经济一体化。“一带一路”倡议旨在整合货物、生产要素和服务的国际市场。罗德里克指出，“主权严重限制了国际经济一体化”。他还提出了一个问题：“政治保持本土化时，市场能否国际化?”（Rodrik 2000）各国不能同时维持独立的货币政策、开放的资本账户和固定汇率。这种三难困境可以称为“开放经济三难困境”（Rodrik 2000）。例如，如果政府把固定汇率和资本流动性作为其货币政策的一部分，那么政府将失去货币自主权。

国际经济一体化的赢家可能是跨国公司和金融利益集团，而输家可能是环境保护和工人。一方面国际组织制定的环境法规要求减少温室气体排放，另一方面国际公认的劳工法规可能有助于阻止工人的工资下降。国际信息披露规定、全球会计准则和财务条例也可能使国际投资者受益。

在外国投资的中国公司可能主要充当出口平台，它们对中国国内经济产生的溢出效应有限，特别是对经济特区或对出口加工区投资时（比如原材料的生产和出口），这些公司很大程度上独立于国内经济。原材料出口可以提供发展其他经济部门所需的外汇，然而，如果贸易条件没有改善，原材料出口就不会为其他经济部门的投资提供额外资金。“一带一路”倡议应包括更多增值项目，以更广泛地提高经济和社会效益。

国际贸易可以促进经济增长（Frankel and Romer 1999），但也会使贸易伙伴面临外部冲击，因此扩大贸易开放可能导致增长波动过大，而当贸易伙伴的出口更加多样化时，增长波动可能会减小。进口多样化也是如此。进入外部市场也可以缓冲国内需求不足的不利影响。哈达德等人发现了有力的证据，证明了出口多样化对降低面对全球冲击时的脆弱性至关重要（Haddad et al. 2013）。

出口公司通常比不出口的国内公司更具竞争力（Wagner 2007）。出口公司表现更好，比非出口公司“规模更大、生产力更高、资本密集度更高、技术密集度更大，愿意支付的工资更高”（Yang and Mallick 2010）。出口公司面临更多的竞争，但它也使生产率提高了，因此这些公司“通过出口学习”（Cleridis et al. 1998）。杨勇和苏山塔·马利克发现，出口公司的全要素生产率比非出口公司高 24.3%（Yang and Mallick 2010）。对外开放政策的实行使中国成为主要出口国，这有助于中国经济的增长。目前，中国的出口产品已从服装等廉价劳动密集型产品转向电子产品等创新产品。贸易对中国的经济增长作出了巨大贡献，如果中国没有 1978 年开始的经济改革，这些巨变就不可能发生。

变化中的贸易模式可以分为广度边际和密度边际，前者指的是新产品出口的边际，而后者指的是先前出口产品变化的边际。广度边际可以用来解释贸易增长的原因。卡霍和鲁尔发现，在 1995 年至 2005 年期间，“两个国家之间贸易增加 10%，与广度边际增加 36%相关”（Kehoe and Ruhl 2013），并发现广度边际是经济增长的重要影响因素。他们发现，在北美自由贸易协定国家之间，广度边际占增长的 9.9%，但在智利、韩国和美国之间的贸易中，广度边际占了 26.0%。他们还发现，在美国的贸易伙伴中，在没有结构变化或政策变化的情况下，广度边际并不重要。卡霍和鲁尔发现，减少贸易壁垒后，广度边际出现了显著增长。随着贸易自由化的增加，广度边际也会增加（Kehoe and Ruhl 2013）。因此，一旦“一带一路”倡议成功实施，贸易和盈利就有望扩大。卡霍和鲁尔认为，广度边际的增长并不完全受产品周期的影响，而是贸易自由化的结果（Kehoe and Ruhl 2013）。而且，产品周期对经济增长的贡献必须通过贸易来提高。

中国正在迅速改变其贸易模式，出口新型产品。另一方面，卡霍和鲁尔发现，没有证据表明美国与其主要贸易伙伴之间的贸易存在密度边际，因此新产品贸易没有进展。1995 年至 2005 年间，中国出口产品占 GDP 的比重从 19.7%上升到 34.1%，而进口产品占 GDP 的比例从 17.4%上升到 29.5%（Kehoe and Ruhl 2013）。

4.4 通过互补和竞争进行贸易

“一带一路”共建国家的发展，将在各个层面促进区域一体化，进一步扩大国内外市场。“一带一路”倡议的成功实施将增加各国的开放程度，并因此促进共建国家之间的贸易。只有当国家有可以交易的产品和服务时，贸易才会增加，而产品和服务可以由不同国家生产和提供。通过人力和实物资本的积累，以及国内生产总值的增加，贸易会增加。基础设施的改善将增加对不同供需市场的进入，并降低交易成本。“一带一路”共建国家之间缺乏铁路和道路等基础设施，这些设施对联结供应商与消费者、员工与工作地点至关重要。许多国家的基础设施状况不佳，维护也不及时。发达国家拥有更多可用资金，能够在基础设施投资上花费更多，因此其贸易交易成本可能比贫困国家更低。

减少贸易壁垒会增加竞争，促进技术创新和技术转让，导致竞争优势转移。这反过来会导致出口构成发生变化。国际贸易的快速变化主要是基于国家间的互补而非竞争。中国的经历表明，非价格因素可导致国际竞争力大幅提高，这也说明汇率作为中国竞争力因素的重要性被过分强调（Benkovskis and Worz，2016）。

国家间贸易的互补性越高，贸易越多（Armstrong，2015）。贸易绩效是实际贸易与潜在贸易的比率。阿姆斯特朗发现，从平均水平来看，东亚的贸易潜力高于全球平均水平。2006 年，东亚贸易潜力为 67%，为世界最高；而南亚贸易潜力最低，为 25%。然而，南亚地区贸易实现率就平均水平而言，巴基斯坦与印度的贸易潜力接近，而印度的贸易潜力高于其与巴基斯坦的双边贸易关系。中国与日本之间的贸易实现率高于日本的贸易潜力，接近中国的平均进口表现，与中国的平均出口表现相似。

中印之间的贸易既有竞争，也有合作，而印度与美国之间的经济关系表现为低竞争。中印之间应加强合作。正如许多中国公司将一些生产转移到泰国一样，中国公司也可以将部分生产转移到印度，因为印度的工资水平比中国低。

不同的国家贸易投入各不相同，从而产生了不同程度的贸易互补性，因为各国往往专门从事其具有比较优势的生产。各国应更加重视在全球、国家和区域层面建立互补性，从而促进全球贸易。共建“一带一路”倡议预计将增加贸易量，因为这将促进一体化，从而促进更多的贸易，特别是亚洲内部的贸易。

扩大开放是否会对一个国家产生有利影响取决于该国的经济状况。巴利亚蒙发现，扩大贸易开放对低收入国家具有负面影响，而对一些收入较高的非洲国家具有积极的影响。开放可能有利于转让技术，增加规模经济。然而，当外国投资进入一个国家仅仅是为了开采自然资源，而该国其他地区不像资源拥有地区那样受益时，开放可能不会使这个国家整体受益（Baliamoune 2009）。

韩国是“亚洲四小龙”之一，另外三个是新加坡、中国香港和中国台湾。德鲁克（Drucker 2002）称韩国是世界上最具创业精神的国家。韩国的出口由财阀主导，韩国是信息和通信技术（ICT）强国。韩国缺乏自然资源，但拥有足够的人力资源，其经济依赖国际贸易。相比其他国家，尤其是中国，韩国无法在轻工业和重工业产品生产方面保持竞争优势，因此其将经济重心转向知识密集型和高科技领域。

中国经济的快速增长需要大量自然资源，由于中国和拉丁美洲经济互补性强，其贸易关系迅速扩大。中国的能源供应来源多样化，以前依赖来自中东、非洲和俄罗斯的原油。委内瑞拉国内经济增长在很大程度上取决于原油出口收入。自1999年以来，中国和委内瑞拉之间的贸易显著扩大，2004年，委内瑞拉承认中国完全市场经济地位（Sun 2014）。中国和委内瑞拉之间经济互补性的基础是市场力量。2007年，中国国家开发银行与中委两国的石油公司设立了60亿美元的中委联合基金，用于建设委内瑞拉基础设施和中国炼油厂。中国国家开发银行提供的资金是贷款，而不是投资或股权。这笔贷款将通过委内瑞拉向中国出口原油来偿还。

由于全球贸易的内生变化以及拉丁美洲和中国之间的经济互补性，其双边合作不断增加。2001年，中国和委内瑞拉首次建立共同发展的战略伙伴关系（Sun 2014）。两国的合作从石油领域延伸至基础设施、农业、高科技和建筑等领域，这些项目通过中国信贷融资，并以向中国出口原油来偿还。

4.5 全球贸易和发展差距

贸易在很大程度上受区域内国家之间一体化程度的影响。如果距实现一体化还有很大差距，贸易可能会受到阻碍。一体化差距由开放程度来衡量，例如对外贸易占 GDP 的比重。制度方面的差距包括金融和银行系统的组合、腐败程度、研究设施数量和专利数量，还包括管理技能、人力资本水平、市场监管及其应对市场失灵的有效性等。

裴长江和武三清分析了东盟国家的发展差距。他们从四个方面评估了东盟经济，即收入差距、基础设施差距、一体化差距和制度差距。发展不仅是经济变化，还包括人的能力培养与实现（Sen 1999; Sen and Anaud 2000）。填补基础设施的空缺可以被视为凯恩斯主义的刺激政策。

中国贸易快速增长带来的影响可以从贸易创造和贸易转移两个方面来分析。贸易转移对贸易造成负面影响，而贸易创造对贸易产生积极效应，因为它创造了新的机会。当经济增长促进了新的出口时，贸易创造可能会发生；而当更高质量或较低成本的产品取代一个国家的产品出口时，贸易转移就会发生。受创新驱动和技术变革的影响，各国必然要攀登比较优势的阶梯，这在一定程度上导致了国家的兴衰。比较优势由廉价劳动密集型产品逐渐转移到资本密集型产品，最终达到高新技术产品的阶段（Balassa 1977），这将对国家的出口和经济增长产生影响（Balassa 1978）。国家制定出口等多样化的经济政策，将减少其受到外部冲击的风险，并降低经济增长的波动性。

自由贸易协定（FTAs）促进贸易增长而产生福利效应，贸易转移产生的福利效应正负叠加，自由贸易协定的效果取决于贸易创造和贸易转移的贡献。当区域贸易协定创造贸易时，这些协定会对成员国产生积极影响，即区域贸易协定创造了新的贸易机会，而且不会对第三国的贸易产生不利影响。区域贸易协定也可能导致贸易转移，对成员国的经济增长和发展产生不利影响（Viner 1950）。

所有区域贸易协定都受到经济和政治因素的影响（Fiorentino et al. 2007）。区域贸易协定可以促进经济相互依存，减少政治紧张局势，从而提高区域稳定性。正如瓦伊纳的分析，区域贸易协定可能导致贸易创造和贸易转移（Viner 1950）。总体而言，区域贸易协定对其参与者具有积极的福利效应。区域贸易协定可以成为迈向多边贸易体系的重要一步。从长远来看，双边贸易深化了区域经济一体化。中国是推动区域经济一体化的主要动力，随着“一带一路”倡议的成功实施，区域经济一体化得到了加强。

4.6 中国的全球贸易关系

贸易可以定义为出口或进口开放。在本书中，贸易包括所有经济交易，即贸易包括服务、基础设施投资和官方发展援助。开放的国家通常经济增长速度更快（Frankel and Romer 1999）。贸易自由化最好伴之以审慎的工业政策，使经济多样化，从而使其出口多样化。一个经济体可以通过提升产品质量或创造新产品来实现出口多样化。

在 1981 年至 2002 年期间，中国与东盟国家、日本和美国的贸易对经济增长产生了显著影响，陈文和发现了这方面的少许实证依据。当然，许多情况自那时开始发生了变化。财富分配正在持续变化，并加速向新兴经济体转移。自 2007 年以来，金砖国家为全球经济增长贡献了近 40%，造成了巨大的国际收支盈余，官方外汇储备快速增长。新兴经济体持有约 77% 的外汇储备（Economic Outlook 2008），预计这一趋势将持续下去。

“一带一路”倡议预计将大大增加中国的全球贸易量，为中国的跨国公司创造机会，扩大中国在其他国家的影响力。未来十年，中国在“一带一路”倡议上的投资预计将达到每年约 1000 亿美元。中国通过“一带一路”倡议进行的投资预计将在全球产生新的增长和经济发展周期。

巴利亚莫恩·卢茨认为，中国面向全球的出口增加可能在一定程度上阻止或延迟非洲生产的多样化。相比南非等出口多样化的非洲国家，安哥拉和苏丹这些向中国出口某类商品为主的非洲国家受益更多。总体而言，从中国进口商品“对经济增长具有积极影响”（Baliamoune-Lutz 2011）。

从中国进口消费品也可能挤占本地制造商在国内外市场的供应产品的空间。非洲国家可能无法通过增加出口来促进与中国的贸易平衡（Chemingui and Bchir 2010）。从中国的进口似乎对肯尼亚和南非以及其他非洲国家经济增长产生有利影响，而这些国家对中国出口并未促进其经济增长（Maswana 2009）。

虽然中国从非洲的进口相当多元化，但非洲对中国的出口高度集中。进口资本货物和出口消费品的国家通常具有较高的经济增长，因此由资本密集型生产所驱动的石油出口不太可能促进可持续经济增长和经济发展，除非采取有意识的政策将来自石油行业的收益进行投资，以创造更加多样化的经济形式。石油行业产生的就业机会和对其他行业的波及效应相对较小。

中国和印度对塞内加尔进行投资主要是为了获得所需的原材料和建立新市场。印度和塞内加尔之间的贸易关系不断实现多样化，但仍以塞内加尔向印度出口磷酸盐和磷酸为主。21 世纪初期，中国主要在塞内加尔从事零售业。2003 年之前，塞内加尔主要从中国进口茶叶，自 2004 年以来，纺织品超过了茶叶，2005 年，建筑材料也超过了茶叶。塞内加尔一直从印度进口大米。2005 年，运输车辆占了塞内加尔从印度进口产品的 20%。

4.7 结论

“一带一路”倡议的目的是加强共建国家之间的经济一体化，推动结构变革和经济发展。由于不同地区经济发展程度不同，可能需要不同的政策，即使这些地区已经融入全球网络。贸易理论往往忽视国家之间的互联。本章论证了用于增强互联互通的基础设施建设是商品和服务的内生需要，而非外在要求。

“一带一路”倡议将带来更多的贸易机会，增加经济活动。东亚共同体的建立将有利于相关国家经济发展，因为这些国家之间具有很强的互补性。本章还描述了与中国签订自由贸易协定带来的影响。2009 年，中国成为最大的出口国，给其他经济体带来了新的挑战和机遇。

全球化是指通过扩大贸易开放和资本自由化实现全球经济一体化。贸易开放度是指进出口总额占 GDP 的比例。本章讨论了全球化及其对国际贸易的影响。

“一带一路”倡议主要关注国际经济一体化，因为其目的是整合商品、服务和生产资料的国际市场。“一带一路”倡议加深了“一带一路”共建国家之间的相互依存度，通过增加贸易促进了区域一体化。虽然各国都从贸易中获益，但这些收益却分配不均。

中国、巴西和印度等新兴经济体对北大西洋地区发达国家的影响体现在扩大南南贸易，特别是贸易向东亚地区的转移上。不同地区有不同的经济发展要求，国际贸易最重要的是建立互联互通，促进各种互惠互利。要明确了解各国需要什么，可以作出什么贡献，从而制定适当的经济政策，以实现经济可持续增长和发展。

新的增长中心可能带来积极的溢出效应，最终促成更大的规模经济。溢出效应可能会降低“一带一路”共建国家经济的二元性，这对经济增长和经济可持续发展至关重要。然而，各种差距对经济发展产生了不利影响，也阻碍了全球贸易发展。这些差距包括制度差距、一体化差距、收入差距和基础设施差距。收入代表人的能力，是能力的体现（Sen 1999；Sen and Anaud 2000）。

参考文献

Armstrong, S. P. (2015). East and South Asia: Managing Difficult Bilateral Relations and Regional Integration Globally. Asian Economic Journal, 29(4), 303-324.

Athukorala, P. (2009). The Rise of China and East Asian Export Performance: Is the Crowding-Out Fear Warranted?The World Economy, 32(2), 234-266.

Balassa, B. (1977).A “Stages” Approach to Comparative Advantage (World Bank Staff Working Papers No. 256). Washington, DC: World Bank.

Balassa, B. (1978). Exports and Economic Growth: Further Evidence.Journal of Development Economics, 5(2), 181-189.

Baliamoune, M. (2009). Openness, Growth, and Convergence in Africa: Evidence from 1980—1999 Data.Journal of African Development, 11(1), 109-126.

Baliamoune-Lutz, M. (2011). Growth by Destination (Where You Export Matters): Trade with China and Growth in African Countries. African Development Review, 23(2), 202-218.

Benkovskis, K., & Wòrz, J. (2016). Non-Price Competitiveness of Exports from Emerging Countries.Empirical Economics, 51(2), 707-735.

Bergmann, L. (2012). A Co-evolutionary Approach to the Capitalist Space Economy. Environment and Planning A^, 44(3), 518-537.

Boschma, R., & Frenken K, (2006). Why Is Economic Geography Not an Evolutionary Science? Towards an Evolutionary Economic Geography. Journal of Economic Geography, 6(3), 273-302.

Chemingui, M. A., &Bchir, M. H. (2010). The Future of African Trade with China under Alternative Trade Liberalization Schemes. African Development Review, 22(s1), 562-576.

Cheung, Y.W., & Qian, X. (2009). Empirics of China’ s outward direct investment. Pacific Economic Review, 14(3), 312-341.

Clerides, S., Lach, S., & Tybout, J. (1998). Is Learning by Exporting Important? Micro-Dynamic Evidence from Columbia, Mexico, and Morocco. Quarterly Journal of Economics, 113(3), 903-947.

Drucker, P. F. (2002).Managing in the Next Society. New York: St. Martin’ s

Press.

Economic Outlook. (2008, October) .Changing Patterns of Global Wealth, Oxford Economics (pp. 19-31). Blackwell Publishing.

Fiorentino, R. V., Verdeja, L., & Toqueboeuf, C. (2007). The Changing Landscape of Regional Trade Agreements: 2006 Update (Discussion Paper No. 12). Geneva: World Trade Organization.

Frankel, J., & Romer, D. (1999). Does Trade Cause Growth? American Economic Revi^, 89(3), 379-399.

George, J., &Kumar, S. V. A. (2017). "Going Global": The Case of Chinese Brands.The IUP Journal of Business Strategy, XIV (3), 41-57.

Giang, B. T., & Thanh, V. T. (2007). Approach to Development Gaps in ASEAN: A Vietnamese Perspective. ASEAN Economic Bulletin, 24(1), 164-180.

Haddad, M. (2007) .Trade Integration in East Asia: The Role of China and Production Networks (World Bank Policy Research Working Paper No. 4160). Washington, DC: World Bank.

Haddad, M., Lim, J. J., et al. (2013). Trade Openness Reduces Growth Volatility When Countries are Well Diversified. Canadian Journal of Economics, 46 (2), 765-790.

Hanson, G. H. (2012). The Rise of the Middle Kingdoms: Emerging Economies in Global Trade.Journal of Economic Perspectives, 26(2), 41-64.

Kaplinsky, R., & Morris, M. (2008). Do the Asian Drivers Undermine Export- Oriented Industrialization in SSA?World Development, 36(2), 254-273.

Kehoe, T. J., & Ruhl, K. J. (2013). How Important is the New Goods Margin in International Trade? (Staff Report No. 324). Research Department, Federal Reserve Bank of Minneapolis.

Kong, Y.E., & Kneller, R. (2016). Measuring the Impact of China' s Export Growth on Its Asian Neighbours. The World Economy, 39(2), 195-220.

Krugman, P. (1980). Scale Economies, Product Differentiation, and the Pattern of Trade. American Economic Review, 70(5), 950-959.

Kuznets, S. (1955). Economic Growth and Income Inequality. American Economic Review, 45(1), 1-28.

Leamer, E. (1995). The Heckscher-Ohlin Model in Theory and Practice. Princeton, NJ: Princeton University, Department of Economics.

Maswana, J.-C. (2009). Can China Trigger Economic Growth in Africa? Chinese Economy, 42(2), 91-105.

New Zealand Ministry of Foreign Affairs and Trade. (2008). Key Outcomes: New Zealand - China Free Trade Agreement. Available at http://www.china.fta.govt.nz.

Policardo, L., Punzo, L. F., & Sánchez Carrera, E. J. (2016). Brazil and China: Two Routes of Economic Development? Review of Development Economics, 20 (3), 651-669.

Reddy, A. A. (2016). Food Security Indicators in India Compared to Similar Countries. Current Science, 111(4), 632-640.

Rodrik, D. (2000). How Far Will International Economic Integration Go? Journal of Economic Perspectives, 14(1), 177-186.

Roland-Holst, D., & Weiss, J. (2005). People's Republic of China and Its Neighbours Evidence on Regional Trade and Investment. Asian Pacific Economic Literature, 19 (2), 18-35.

Samuelson, P. A. (1948, June). International Trade and the Equalisation of Factor Prices. Economic Journal, 58(230), 163-184.

Sarkar, P., & Singer, H. W. (1991). Manufactured Exports of Developing Countries and Their Terms of Trade Since 1965. World Development, 19(4), 333-340.

Sen, A. (1981).Poverty and Famines: An Essay on Entitlement and Deprivation. London: Oxford University Press.

Sen, A. (1999).Development as Freedom. New York: Knopf Press.

Sen, A., & Anand, S. (2000). Human Development and Economic Sustainability. World Development, 28(12), 2029-2049.

Shi, W.(2008).Rubber Boom in Luang Namtha: A Transnational Perspective, Rural Development in Mountainous Areas of Northern Lao PDR (RDMA) GTZ. Vientiane.

Smith, A. (1999/1776). The Wealth of Nations, Book I-III. London: Penguin Books.

Stolper, W., & Samuelson, P. A. (1941). Protection and Real Wages. Review of Economic Studies, 9(1), 58-73.

Sun, H. (2014). China-Venezuelan Oil Cooperation Model.Perspectives on Global Development and Technology, 13(5-6), 648-669.

Suvannaphakdy, S., & Toyoda, T. (2014). Impact of Regional Trade Agreements in East Asia on Members' Trade Flows. Journal of Southeast Asian Economies, 31(3), 361-378.

Tran, V. H. (2010). Impact of the WTO Membership, Regional Economic Integration, and Structural Change on China' s Trade and Growth. Review of Development Economics, 14(3), 577-591.

Viner, J. (1950).The Custom Union Issues. New York, NY: Carnegie Endowment for International Peace.

Wagner, J. (2007). Exports and Productivity: A Survey of the Evidence from Firm-Level Data.The World Economy, 30(1), 60-82.

Wang, J. Y. (2011). China and East Asian Regionalism. European Law Journal, 17(5), 611-629.

Wood, A. (1995). How Trade Hurt Unskilled Workers. Journal of Economic Perspectives, 9(3), 57-80.

Wood, A. (1998). Globalisation and the Rise in Labour Market Inequalities. The Economic Journal, 108(450), 1463-1482.

Yang, Y., & Mallick, S. K. (2010). Export Premium, Self-Selection and Learning-by-Exporting: Evidence from Chinese Matched Firms. World Economy, 33(10), 1218-1240.

第 5 章　基础设施建设和经济增长

5. 1 简介

“一带一路”倡议影响的区域比古代丝绸之路更为广阔，正在向西方、非洲大陆和拉丁美洲逐步拓展，涉及整个非洲大陆、南美洲，以及澳大利亚和新西兰等国家。因为经济发展的需要，这些地区受到东亚的吸引。经济发展的合作促进不同经济部门之间产生协同效应。

“一带一路”倡议涉及的基础设施包括硬性和软性两个部分。硬性基础设施是指港口、铁路、公路、管道和特殊贸易区所需的基础设施，例如混凝土、钢铁、计算机等是建设硬性基础设施所需的材料和设备；软性基础设施则包括有助于促进经济合作的制度框架，如金融机构、研究机构、文化交流和外交渠道所需的基础设施。基础设施对于社会和经济的持续发展至关重要。为了促进贸易合作，必须不断维护和更新基础设施，以确保物流的顺畅。

迄今为止，“一带一路”倡议签约国已横跨亚洲、欧洲和非洲、美洲大陆，各签约国之间通过陆路和海路相连。为维持“一带一路”倡议共建国家这一庞大网络体系，需要大量基础设施建设。为促进经济可持续发展，随着“一带一路”倡议的实施，各个建设项目之间已经建立起相互连通的路径，而亚洲基础设施投资银行（AIIB）则为众多项目的开发提供了主要资金支持。

“一带一路”倡议最初的目标侧重于“走出去”，但是现在它已远远超越了此目标，它对所有共建国家都产生了巨大影响，因此说“一带一路”倡议不仅仅服务于中国的经济利益。中国的出口、投资以及消费刺激，旨在避免经济增速过快下滑，这不仅为国内部分地区带来大量经济发展机遇，也为外商投资带来机遇。中国的新疆位于“一带一路”的核心区，从中受益良多。新疆和福建因其地理位置，被视为“一带一路”的重要枢纽。新疆是中国对西方开放的门户，有望成为金融中心和中转地区。而福建则是陆上和海上丝绸之路的连接地区。因此，“一带一路”倡议在一定程度上有助于解决中国的发展不平衡问题，特别是解决城乡发展不平衡问题。

“一带一路”倡议促进了中国出口产品和技术的多样化，推动了中国国内经济的全球化发展。此外，“一带一路”倡议还带动了人民币的国际化。博法指出，“一带一路”共建国家之间的贸易联系更加紧密，中国的生产网络愈发强大，推进着中国经济的全球化（Boffa 2018）。因此，“一带一路”倡议不仅是一个基础设施发展项目，还是一个新兴的全球投资、生产和贸易平台。

“一带一路”倡议推动了公路、铁路等基础设施建设，也为农民提供了价格优惠的交通工具，降低了他们的农产品运输的成本和时间，同时减少了营销成本，使食品供应得到了充足保障，同时有助于扶贫工作。由于交通设施不足，农民通常从事自给自足的农业，这对周边经济带来了不利影响。缺乏适当的运输设施也会导致收获后的损失，世界银行 2009 年的数据显示，在坦桑尼亚，约有 13%的收获损失是由于运输能力不足引起的（Word Bank 2009）。该行 2011 年的报告（World Bank 2011）表明，在东非，运输成本占了 2008 年玉米总销售成本的大约 76%。此外，保障农业的电力供应对农民摆脱自给自足的小农经济也至关重要。

印度是陆上丝绸之路和海上丝绸之路的交会点，其与中国之间的联通不仅促进了两国的贸易，也使印度拥有巨大的发展潜力。缺乏这种联通，印度可能会在未来的亚洲和印太地区经济转型中被边缘化。加入“一带一路”倡议有助于印度扩大出口，发展国内制造业。目前，印度只有第三产业保持不断扩张，而一个经济体必须具备健全的第二产业。因此，印度将扩大港口基础设施建设，以便在贸易增长中获得更大收益。

实物资本投资，尤其是对基础设施以及劳动力、劳动力质量等生产要素的投入是“一带一路”倡议影响区域经济增长的关键因素。劳动力质量是根据劳动力包含的人力资本来衡量的。由于不同地区的发展需求存在差异，因此各地区的生产要素也不尽相同。但是，各地都有基础设施建设需求，为了有效连接不同地区，必须协调对基础设施的投资。“一带一路”倡议致力于通过高效基础设施的建设实现连接的优化，超越了单纯追求区域效益的基础设施优化。然而，政治竞争可能会威胁到基础设施的互通性，导致“一带一路”共建国家在项目实施上无法协调的问题。

中国在铁路建设方面拥有强大的竞争优势。目前，中国的高速铁路建设项目遍布非洲、亚洲、拉丁美洲三大洲，在欧洲也有建设项目。铁路建设对于卢旺达、南苏丹和乌干达这样的内陆国家尤为重要，相信未来将会有更多国家加入"一带一路"倡议。

5.2 带动经济和社会发展的基础设施

"一带一路"倡议包括建设"丝绸之路经济带"和"21世纪海上丝绸之路"，旨在建立一个经济资源自由流动的综合市场。"一带一路"倡议致力于跨越经济、政治、国际关系和文化差异，为经济发展提供一个多边框架。在相关国家之间建立互联互通、实现金融一体化、消除贸易壁垒、促进贸易以及协调经济发展关系，这些都是"一带一路"倡议的主要目标。"一带一路"倡议的实施不仅能够增强中国的政治、经济实力，还有助于稳定中国国内经济，维持经济正常增长速度。长远来看，"一带一路"倡议还可助力改善人民的卫生健康状况，若项目管理得当，还有望降低污染水平与环境恶化程度。

中东地区作为连接亚洲和欧洲的重要纽带，在"一带一路"倡议中扮演着重要的角色。中国之所以在中东地区积极推动"一带一路"倡议的实施，一方面是因为中国经济增长急需大量自然资源，而中东地区拥有丰富的矿产资源和油气储备，这使得"一带一路"倡议成为中国获取资源、拓展市场的重要途径；另一方面，中国旨在借助"一带一路"倡议打造横跨中东地区的区域经贸合作体系。据悉，中国已投入约200亿美元用于支持中东地区经济复苏，主要用于基础设施建设领域。通过修建铁路、公路、管道和电力线路等基础设施，进一步加强各国间的互联互通，有力地促进了全球范围内的贸易活动。基础设施建设不仅有助于推动中东国家的工业化进程，还能促进城镇化进程，为经济的可持续发展奠定重要基础。

由于西方国家需求减少，东亚和东南亚地区的经济增长有所放缓，中国国内需求也出现下降趋势，中国需要开拓新的市场，必然需要建设新型基础设施。因此，在构建贸易通道时，充分考虑当前市场和潜在市场的绝对规模至关重要。

中国的对外援助主要用于基础设施、制造业、学校和医院建设，并未附加实施“华盛顿共识”的条件。中国采用了捆绑援助方式，即接受援助的国家需使用一定比例的资金购买中国的原材料和服务。中国为基础设施建设提供的融资包含各类配套措施，包括学校、医院和多个工程项目。贷款通常提供优惠利率，基础设施建设贷款包含长期基础设施贷款，中国可通过资源交换进行基础设施建设。中国为发展中国家提供贷款以满足其发展需求，从而获得所需资源并拓展全球市场。美国却指控“一带一路”倡议实施“债务陷阱外交”，使各国陷入依赖中国援助的困境。

中国目前正在利用“以资源交换基础设施”（RFI）来支持非洲国家的各种项目。而受援国政府承诺利用从资源开发中获得的收益来偿还基础设施建设所需的贷款，以加速投资回报。未来的资源开发收入被用作贷款的抵押，这些贷款用于基础设施建设，从而推动资源开发。RFI 模式有助于实现资源互换，促进产业多元化，同时减少金融市场的风险。

基础设施建设也可作为逆周期政策的一部分，许多发达国家现有的基础设施也需要升级。实施“一带一路”倡议有望克服基础设施建设中的许多瓶颈，过剩的产能和资金可以用来进行更多基础设施投资，以消除瓶颈、促进发展、减少贫困。

中国的金融投资通常实施一揽子计划，不仅包括公路、管道和水电大坝等常规基础设施建设，还包括医院和学校的建设。柬埔寨的水电站通常由中国国有企业与柬埔寨方根据“建设—运营—转让”或“建设—拥有—运营—转让”的协议投资建设（Pál 2013），中国国有企业在将项目移交给柬埔寨政府之前可以运营这些项目30~40年。

中国的金融投资主要集中在基础设施行业。中国银行为中国企业建设的各类基础设施项目提供优惠贷款。这种贷款模式为中国赢得了长期资源开发合同，以换取基础设施建设项目。贷款无须实物偿还，石油担保贷款通过将石油销售额存入借款人银行账户来保证还款。在提供贷款时，中国并未对借款国施加任何条件。

“一带一路”倡议有望提高大多数共建国家的经济增长率和国内生产总值（GDP），促进这些国家与中国在经济和政治方面的密切联系。中国还将与东盟、欧亚经济联盟、欧盟、南亚区域合作联盟和伊斯兰合作组织建立更紧密的联系，最终目标是与之建立一个“一带一路”自由贸易区。自由贸易区的建立有望增加中国与其他国家之间的贸易往来，欧亚一体化将促进中国与欧亚其他国家的关系。

“一带一路”倡议将极大地推动中国的进出口增长，促进“一带一路”沿线经济体的融合发展。新疆作为中国通往俄罗斯、欧洲、中东和中亚的门户，是“一带一路”倡议陆路通道的关键枢纽，与阿富汗、印度、哈萨克斯坦、吉尔吉斯斯坦、蒙古国、巴基斯坦、俄罗斯和塔吉克斯坦接壤。新疆是中国通往西方的重要门户，经济发展势头向好。“一带一路”倡议的实施降低了中国到欧洲的运输成本，因此许多位于中国东部的公司已经转移至拥有中欧班列的成都和重庆。

更深层次的互联互通会促进创新。然而，要实现高质量的创新发展，就需要提供有利的条件来发展新技术，因此中国利用各种各样的高效创新研究中心来进行研发活动，而不是让研发活动在中国各地铺开，因为这种方式在许多领域效率较低。

一旦“一带一路”各个项目开始实施，将对共建国家的社会经济环境和国际关系产生深远影响。加强互联互通至关重要，因为“一带一路”共建国家之间的供需关系具有高度互补性，例如中国是中亚最大的产品出口国，同时也是中亚最大的天然气进口国。

一个国家拥有特定的资源，如土地、劳动力和资本。自然资源可能进一步增强一个国家经济持续发展的潜力。基础设施作为另一种资源，能够提升其他资源的潜力，增强内生的经济竞争力。“一带一路”大型建设项目需要做好协调工作，以促进结构转型和创新。当企业进行重要产业升级的时候，如果缺乏对相关各方的适当协调就很可能无法充分实现结构转型。基础设施的发展有助于连接工业区集群，推动城乡发展，降低贫困率。基础设施建设也会吸引国内外投资（Foster et al. 2009，2010）。

新古典主义经济学认为，投资是经济增长的主要推动力。巴罗在 1960 年至 1990 年间对大约 100 个国家的研究中发现，政府消费的减少有助于促进经济增长（Barro 1997）。“一带一路”共建国家那些私营企业无力投资的大规模基础设施建设项目，需要大量的政府投资。

褚健和郑小平认为，财政分权将对区域经济增长作出积极贡献（Chu and Zheng 2013）。在某些地区，这一点并无争议，若要“一带一路”建设取得成功，不同地区之间需要做好协调工作。他们还发现每增加 1%的实物资本，中国的省级 GDP 就增长 0.84%，而每增加 1%的劳动力或人力资本，中国的省级 GDP 仅增长 0.16%。实物资本相对于人力资本的贡献更大。在经济发展初期，实物资本的贡献更显著，随着经济进入更高的发展阶段，人力资本在经济发展中变得更为重要（Joshua 2015）。中国经济快速增长很大程度上要归功于固定资产投资的增加（Lin and Liu 2000）。“一带一路”倡议的情况也类似，必须首先大量投资于基础设施，才能开始成功运作。

基础设施有助于促进技术和社会系统之间的协同，在用户和生产者之间建立起联系。随着对连通性的需求不断增长，基础设施建设需要持续进行。实现协同效应就是通过各种协作策略提高各个子系统运作的合作效率，例如不同地区或国家之间的协同。通过地方和全球范围的适当协同，地区间联系更为紧密。协同形成多维网络，提高互联互通程度，促进经济和社会发展的协同进步。

基础设施的缺乏不利于经济活动，并对人们的生活产生不利影响，比如在农村地区，缺乏必要的卫生设施、电力以及安全用水，存在持续的停电和供水中断问题。基础设施建设对于加强国家和地区间的互联互通至关重要，但同时也不能忽视对教育和卫生领域的投资。基础设施也是人类文化的一部分，提供足够的基础设施可能需要数代人的努力才能完成。如果各国政府不将个人卫生和环境卫生视为发展国内经济的优先事项，那么在参与其他国家的基础设施建设时，他们也不太可能将这些问题予以优先考虑，因为他们可能会认为这些领域对经济增长没有直接促进作用。在保障必要的基础设施之后，消费者的需求可能会转向希望提供更好的卫生设施、个人健康、医疗保健和更好的教育。

西方国家的经济整体呈现下滑态势，因此西方国家对基础设施的投资也急剧减少。过去，世界一流的机场和高速公路多在西方国家，但如今中国在这方面表现更为突出。中国大规模的基础设施建设推动了国内发展，使其能够利用在国内积累的经济发展经验，服务于其他国家的基础设施开发，无论是发达国家还是发展中国家。中国每年在基础设施方面的支出约为 5000 亿美元，占 GDP 的 9%。

一个国家的经济状况很大程度上可以通过其基础设施标准来判断。可持续发展需要不断加强互联互通，从而促进地区和国家之间的贸易，更好地利用不同国家之间的互补性。在一些“一带一路”沿线国家和地区，腐败、贫困、教育经费不足和公共暴力等问题仍然困扰着社会。加强基础设施建设可以部分缓解这些问题。

运输可以扩大经济比较优势，促进专业化，改善供应商和消费者之间的关系，从而推动经济增长。互联互通状况的改善可以降低贸易成本，增加贸易额。

互联互通促进了劳动力流动、就业、医疗保健和教育，从而降低了贫困率。持续的经济发展需要必要的基础设施，而大规模基础设施建设需要政府机构的协作。政府对基础设施建设的态度和政策正发生改变。世界银行认为，“支持基础设施建设是创造增长机会的战略重点”（World Bank 2012），因为基础设施可以成为变革的推动者。中国在贸易物流领域表现出色，胜过同等收入水平的其他国家（World Bank 2016）。必要的基础设施可以使各个行业更具竞争力。

中国自1988年开始不断建设庞大的高速公路系统，并逐步建立了庞大的高铁网络体系。中国在基础设施发展领域积累了丰富的经验，这有助于中国在中东、非洲、欧洲、中亚以及南美洲等地区进行类似的基础设施建设。这些项目将在下一章中详细论述。与收入水平相近的国家相比，中国拥有更为完善的贸易便利化基础设施。中国政府鼓励由国有企业承担的基础设施建设，从而降低了贸易成本。

俄罗斯的“大欧亚”计划在向东方拓展，寻找未来的经济和技术市场。可以说，“一带一路”倡议与“大欧亚”计划之间存在一种互惠的共生关系。在被欧洲拒绝后，俄罗斯转向了东方。多次尝试融入欧洲的俄罗斯最终形成了“大欧亚”的概念，并正在逐步推进。俄罗斯现在自认为是一个欧亚大国，而非单纯的欧洲大国。

2018年12月，伊朗与欧亚经济联盟签署了一项自由贸易协定，预计随后将与印度签署类似协定。伊朗在印度和俄罗斯之间建设的国际南北运输走廊具有重要纽带作用。哈萨克斯坦是欧亚经济联盟和“一带一路”倡议的成员。中俄强调“一带一路”倡议与“大欧亚伙伴关系”的共同体精神。俄语中的“sobornost”指“共同体”，而中文的“命运共同体社区”或“命运共同体”则表达了这一思想。它们的最终目标是连接“一带一路”、欧亚大陆、欧亚经济联盟、上合组织、国际南北运输走廊、金砖国家、“金砖+”国家以及东盟。

“一带一路”倡议旨在超越区域一体化，促进共同发展和共同繁荣。该倡议覆盖多个领域的项目，不仅包括基础设施建设以促进国家间互联互通，还包括医院、学校和其他设施的建设。“一带一路”倡议的实施有望将共建国家部分地区的经济从 2008 年全球的低谷中提振起来。然而，西方没有将“一带一路”倡议视为促进经济发展和实现经济持续增长的机遇，而是将其视为对当前世界秩序的挑战。

5.3 前向联系和后向联系

经济发展可以视为革命性的概念，而非进化性的概念，它需要多方面根本性的社会体制和制度变革，这可能导致利益集团之间的冲突，因为某些群体可能比其他群体获益更多。因此，发展贸易和实现共建国家之间的互利至关重要，尽管这种互利并非总是平等的。贸易是经济增长的重要推动力，促进了经济一体化，其是否有助于经济发展取决于与经济的联系。

经济增长通常由中产阶级和上层阶级推动，他们视经济发展为工业化进程。工业通常集中在城市，远离农村。然而，可持续的经济发展需要包容性，以确保农村不被边缘化。“一带一路”倡议着重于以出口推动工业化，而不是进口替代。大多数“一带一路”共建国家在工业化发展中需要引进实物资本和技术。

一个国家可以被划分为门户地区和腹地。在中国开放国际贸易时，沿海省份的发展较快，而许多内陆省份发展相对滞后，门户地区和腹地的发展状况与此类似。门户地区提供了通往全球市场的通道，因此来自腹地的经济参与者必须通过门户地区才能进入国际市场。与门户地区相比，腹地更加欠发达，非熟练劳动力所占比例较高。随着国内运输成本的降低，腹地有更多的发展机会，因为随着门户地区生产成本的上升，制造企业可能会转移到腹地。

经济发展战略可以利用前向和后向联系，将投资分配给具有最大前向和后向联系的部门，以促进经济增长。前向联系意味着专门化的投入导致更多专门产品的生产，而后向联系意味着本地生产的高级产品可以推动其他专门化投入的生产。前向联系是后向联系的补充，因此最好将两者结合使用。当前向联系和后向联系发生作用时，可能会加剧分工，从而提高工资水平。前向联系和后向联系互为因果，前向联系需要后向联系的支持才能得以蓬勃发展。若无此联系，经济发展就难以持续。

赫希曼解释了主导部门的联动效应如何激发其他经济部门的发展（Hirschman 1958）。战略部门的发展，如采矿或基础设施，可以推动其他部门的进一步发展。因此，他认为，应优先考虑战略部门，以增强联动效应。一个经济体的有效运转必须超越对经济变量的分析，因为各国文化不同，人们的动机、目标也不同。在促进潜力最大的部门的经济发展中，必须将经济作为一个整体来考虑，而非孤立地看待各个部门。这意味着需要包容性经济，并优化不同部门之间的关系，即使这些部门可能处于不同的经济增长和发展阶段。

联系可能会产生投资的动力。后向联系促使投资用于供应，而前向联系则促使投资用于产出（Hirschman 1977）。平衡的经济增长战略与前向联系和后向联系都密切相关。尽管这种联系可能不会带来更具包容性的经济增长和发展，但在经济增长不平衡的情况下，建立这种联系仍十分重要。举例来说，为了提升发展水平，应当向更贫困地区投入更多资金。赫希曼也认为，本地生产资料的投入更有助于促进经济发展。

基础设施建设是其他生产要素的重要补充。建设基础设施能提高生产率水平，降低生产成本和交易成本，从而促进经济一体化。长期来看，通过大幅度降低人口增长率，可以改善人们的生活条件，特别是对贫困国家而言。另外，加快经济转型的速度也能改善生活条件。更好的解决方案是将这两种方法结合起来，深入挖掘前向联系和后向联系的潜力。举例来说，如果一个国家主要出口原材料，经济活动可能会扩展到工程、商业服务和生物技术领域，而这些领域可能与自然资源开发关系很大。这种联系可能使出口更加多样化。

创造性投资为经济增长和发展提供了机遇，而投机性投资可能会阻碍经济增长和发展。基础设施投资应该被视为创造性投资，而非投机性投资。消除基础设施方面的瓶颈可以带来更高的经济和社会回报。尽管基础设施建设可以增强互联互通，但只有与生产性资本相连接，才能实现更广泛的互联互通，使基础设施与更广泛的社会联系起来，促进包容性的可持续经济发展。如果没有这种互联互通，仅靠基础设施建设是无法促进经济增长的。通过创造具有进一步扩展空间的集群来集中投资或吸引投资，可以促进可持续的包容性经济发展。

林毅夫等认为基础设施是继土地、劳动力和资本之后的第四种资源。最优产业结构在很大程度上取决于其资源结构，因此作为国家资源的一部分，基础设施可以提高最优产业结构水平。基础设施能够在国家资源结构和潜在的比较优势之间架起桥梁，将它们转化为全球经济的竞争优势（Lin and Wang 2016）。林毅夫指出，政策应关注各国现有的资源，而非缺乏的资源。随着各国资源的不断扩张，新的机遇也会增加。因此，比较优势可能会发生转移。

销售原材料的收益可以被用于修建铁路、公路等基础设施，也可以被用于建设学校和医院。在当地加工这些原材料能够增加就业机会，为国内提供更多的发展机会。“荷兰病”的出现显示，繁荣和落后的行业并存可能导致经济内部结构性失调。矿业繁荣提高了该国的出口，并导致汇率上升，从而导致矿业部门工资的增加。然而，与此同时，其他落后部门很难进行调整。当一个制造业部门消失时，通过“干中学”获得的技能就会消失。除非矿业与当地产业有某种联系，否则“干中学”的情况会越来越少。

当资源部门与其他经济部门之间的联系薄弱时，可能会发生“资源诅咒”①。“资源诅咒”的传播渠道多种多样，罗斯（Ross 1999）和史蒂文斯（Stevens 2003）对其进行了阐述，但并非全部适用于资源丰富的国家，需要考虑各个国家的具体情况。为弥补自然资源枯竭带来的不利影响，投资可持续经济发展至关重要，增加贸易需要重视资源部门和其他经济部门之间的联系。资源部门与其他经济部门联系不畅是资源丰富的经济体经济增长缓慢的原因之一（Hirschman 1958），而正在进行的基础设施建设有望改善不同经

① “资源诅咒”是一个经济学的理论，多指与矿业资源相关的经济社会问题，其含义是丰富的自然资源可能是经济发展的诅咒而不是祝福。——译者注

济部门之间的联系。

繁荣的资源部门可能对利润较低的其他经济部门产生排挤效应。张晓波等人指出，资源诅咒的存在可能有助于解释资源丰富地区不平等扩大和停滞与贫困的现象，尤其是中国西部地区（Zhang et al. 2008）。随着“一带一路”建设项目的推进，不同经济体的各个部门将更加紧密联结，而对原材料的需求也将增加。出口资源的国家通常拥有大量相对贫困的人口，因此建立互联互通的经济体可以起到一定的缓解贫困的作用。

罗德里格斯-克莱尔（Rodríguez-Clare 1996）描述了跨国公司的正向关联效应和负向关联效应，即跨国公司的关联度高于本地公司的称为正向关联效应，关联度低于本地公司的则称为负向关联效应。关联度指的是上游产业通过创造专业化投入的需求所带来的就业率。

高度关联的跨国公司对经济发展贡献巨大，落后地区与它们建立联系相对困难。跨国公司通常来自比东道国发达的国家，因此很难与它们建立起密切的联系。许多中间产品从跨国公司的母国引进，如果使用东道国的中间产品则有助于与其建立密切的联系，促进经济发展。此外，跨国公司还可能在东道国发展“飞地经济”，通过技术转让和人力资本的投入影响该国的经济发展。

经济发展跨越空间，需要谨慎行动。经济发展受到创新和技术扩散的影响而经历不同阶段。“一带一路”倡议的实施本质上是一个跨越空间的发展过程。长远来看，只有通过经济发展才能实现经济进步，这既需要自然资源的开发，也需要人力资源的开发。科学知识越重要，越需要人力资本，人力资本和科技知识相互影响。孙中山主张通过建设新的“大规模的生产资料、铁路和水路”来规范资本、国有资本和产业（Sun 1922），通过创造“无限的全球市场”（Sun 1922）来推动经济发展。

5.4 消除瓶颈与基础设施建设

缺乏必要的基础设施可能会成为经济发展的瓶颈，阻碍经济和社会的可持续发展。另外，经济发展中的瓶颈也可能导致生产率低于潜在水平。为了消除这些瓶颈，需要研究国家拥有的资源，而不只是考虑需求。换言之，经济发展必须从可利用的资源出发。因此，发展中国家和新兴国家为消除经济发展的瓶颈而进行的投资会重点关注经济发展目标。

“一带一路”倡议致力于打破共建国家间互联互通的瓶颈。“一带一路”将中国的资金引导至共建国家，为建设中国产品出口和原材料进口的供应链提供便利。“一带一路”将多个工业园区连接起来，从东亚延伸至肯尼亚和希腊等国。中国国家发展和改革委员会与多个国际合作伙伴达成一致，共同规划建设东亚到西亚、中国经蒙古至俄罗斯、中国至东南亚、中国经巴基斯坦至南亚（包括孟加拉国和缅甸）的四条经济通道。有的通道最终将延伸至印度。中巴经济走廊位于“丝绸之路经济带”和“21 世纪海上丝绸之路”之间，将中国与中亚、南亚和中东紧密相连，促进了中国、中亚、中东和南亚之间的贸易往来，具有重要的战略意义。“一带一路”倡议促进了互联互通，推动了中国和欧亚大陆以及其他地区的合作，促进了共建国家的经济增长。

5.5 通过基础设施实现区域一体化

政府在实物资本上的支出，如基础设施和人力资本，不仅取决于当地的政治、经济环境，还受未来形势的影响。以“一带一路”倡议为例，该倡议下各项目的建设目的在于优化沿线国家和地区的效益，因此项目的成功建设不仅取决于某个局部地区的特定条件，也在于提升项目的整体效益。

研究表明，提高港口设施效率降低运输成本（Clark et al. 2004），可增加贸易额（Blonigen and Wilson 2008），从而凸显港口设施选址的重要性。大型港口能容纳大型船只，吸引更多航运公司，通过竞争提高效率。通过促进互联互通可最大限度地降低供应商与买家之间的远距离运输成本，而“一带一路”倡议可以做到这点。服务贸易的增长日益重要，运输和通信费用的降低以及技术变革促进了国内和国际贸易，推动了服务贸易发展。

距离港口设施越远的地方，制造设施也越稀少。借助“一带一路”倡议，可以改善不同地区间的联系，加强需求和供应链之间的互联互通。运输成本是出口制造企业集中的主要考虑因素，空间联系明显地影响一个地区对中资和外资的出口加工设施的选址（Ma and Assche 2016）。

沿海航运比公路运输更具成本效益，例如，运输 1 吨货物 1 公里，“沿海运输成本约为公路成本的 5%，二氧化碳排放量约为公路成本的 17%”（United Nations 2017）。海上运输比其他运输方式更环保，更有益于促进经济的可持续发展。陆港可以沿着“一带一路”的公路和铁路建设，将海上运输与陆上运输连接，有助于提高货物运输效率。陆港的建设将重心从海港转向内陆地区（Dadvar et al. 2011）。长远来看，陆港有助于消除运输瓶颈，促进内陆经济发展，降低运输成本。

陆港吸引制造企业和其他经济活动，推动经济发展，也有助于经济特区发展，吸引不同类型的工业，促进区域发展。陆港对内陆国家的发展至关重要。

对于共建“一带一路”许多小国来说，即使经济略有提升，也能显著促进这些国家的经济增长。制定更协调的发展战略，有利于促进经济发展，促进中亚国家间的包容性互动。硬性基础设施的建设应得到软性基础设施的支持，如若未实施适当的海关政策和过境流程，物流效率将受影响，仅有硬性基础设施不太可能促进国家之间的互联互通。

5.6 金融深化与经济发展

“一带一路”倡议并非终点，而是迈向不断变化的全球经济体系的重要一步，是一条真正意义上的发展大道。“一带一路”倡议旨在建设跨越多个国家的基础设施（SCIO 2015），如此庞大的项目自然需要巨额资金支持。

中国农业银行、中国银行、中国建设银行、中国工商银行，这四大银行在国内基础设施项目融资方面积累了丰富经验，目前也积极参与了“一带一路”共建国家的项目融资。然而，为基础设施项目提供所需资金存在很大风险，主要是因为这类项目通常需要较长时间才能实现现金收入。这类融资通常是由银行财团提供贷款，缩小了金融风险的覆盖范围。然而，跨国银行往往放弃融资来规避风险，因为贷款国有可能将资金从发展转向消费，从本地生产和消费转向以出口为导向的生产。

爱德华·肖将金融深化定义为增加金融资产与收入的比率（Shaw 1973）。金融资产代表储蓄存量，而储蓄行为则指资金的流动。当储蓄被投资以促进经济增长时，金融深化就随之产生。然而，金融深化并非必然促进经济发展，因为投资者通常关注短期内的利润最大化，而经济发展不仅仅是人均收入的增长。

经济发展和金融政策之间密切相关。在改革初期，中国金融体系的主要特征是国有金融机构的垄断。自 1978 年以来，中国的金融政策经历了三个不同阶段：1978 年至 1982 年实行负利率；随后，利率接近零；然后从 1995 年开始实行正利率。由于 1978 年至 1994 年期间的金融抑制，银行缺乏对可行性项目的参与动力。这在一定程度上解释了为什么中国银行系统存在大量不良贷款的问题。

卡尔德隆和刘琳（Calderon and Liu 2003）指出，与发达国家相比，金融深化对发展中国家经济增长的贡献更为重要。亚投行、新开发银行等与“一带一路”倡议相关的国际金融机构旨在为“一带一路”建设提供金融支持。根据所承担的项目类型和资本结构，新开发银行和亚投行被中国信用评级机构评为 3A 级。尽管非洲开发银行（ADB）的大部分股东的信用评级低于非洲开发银行的信用评级，但该银行仍然获得了较高的信用评级。

国家开发银行的职能在于推动中国经济国际化进程，同时增强中国在全球经济中的影响力。项目融资机构的参与非常有助于消除经济增长和发展中的潜在瓶颈，也为中国“走出去”政策作出了重要贡献。

然而，随着经济发展水平的提高，金融机构对经济发展的贡献可能会减少，因为投机性投资将对其构成挑战。迪达（Deidda 2006）、格林伍德和约万诺维奇（Greenwood and Jovanovic 1990）的研究表明，在经济发展缓慢阶段，金融发展对经济增长的影响更为显著，因为此时经济发展更容易从专业化经济和规模经济中受益。不断发展并扩大金融体系可能导致专业化程度降低。资金短缺常常是发展中国家建设急需基础设施的主要障碍，而丝路基金可以缓解这一问题。

经济发展水平较高时，证券交易所的内生性出现，债务融资逐渐减少，股权融资在更高发展水平上变得尤为重要（Boyd and Smith 1998；Bose 2005）。然而，股权融资往往伴随较大的投机性质，在某些情况下可能不利于经济发展。

在少数发展中国家，经济增长很大程度上取决于生产力水平的提高。要提高生产率，首要条件是提供必要的资金支持。卡尔德隆和刘琳（Calderon and Liu 2003）指出，金融深化有助于增加资本积累和提高生产率，从而推动经济增长。在具有创新激励环境的国家中，股权融资比债务融资更为普遍。债务融资对于提高生产率的效果不大，对经济增长的影响也有限。

2008 年的全球金融危机起因于金融管制的放松。若中国过度放松金融管制，可能导致西方势力对其金融体系的介入，将国内储蓄引导到投机性非生产活动，虽然会提高短期盈利能力，但不能促进经济增长和发展，这可能不利于中国目前的经济发展。

信贷增长过快会加剧通货膨胀，并可能引发金融危机。缺乏有效金融监管的情况下，金融自由化可能进一步推动金融深化。然而，麦金农（McKinnon 1973）认为金融自由化具有一定的积极作用，但同时又指出全球金融自由化现象已经减弱金融对经济增长的影响。过度开放金融市场可能导致金融危机，特别是投机资本会使经济增长变得不稳定。研究发现，金融与经济增长之间的关系逐渐减弱，金融危机通常与管制过度放松和金融深化有关。在金融危机期间，金融深化对经济增长的积极影响往往会消失，甚至导致金融危机。因此，在实施金融自由化时应谨慎，在试点基础上一步一步推进。

对于金融深化与经济发展之间关系的讨论，通常假设私营部门提供必要资金。在“一带一路”倡议的框架下，提供融资的方式与中国国内经济所采取的方式相似。在全球范围内展开的“一带一路”倡议涉及多个项目，开发银行提供各种贷款支持，旨在促进基础设施等方面的发展，而非单纯谋求利润最大化。

2006 年，中非发展基金成立，2007 年开始运作。国家开发银行为中非发展基金提供资金，以促进对非洲的基础设施、自然资源和制造业等方面的投资。国家开发银行于 1994 年开始运营，曾参与上海浦东国际机场和三峡大坝等重大项目的建设。在拉丁美洲，国家开发银行的活动更加频繁，而中国进出口银行（CEXIM）则更多参与非洲地区的经济活动。

国家开发银行和中国进出口银行目前向发展中国家提供的贷款规模已超过世界银行（Kopiiski and Sun 2014）。这两家银行还为基础设施、能源和原材料等方面提供贷款支持。中国进出口银行协助中国企业在其他国家，特别是在拉丁美洲和加勒比地区寻找投资机会；而国家开发银行则为中国地方政府以及其他国家，特别是在拉丁美洲和加勒比地区的基础设施和城市化项目提供资金。

国家开发银行是全球最大的开发银行之一，它向巴西、俄罗斯、土库曼斯坦等多个国家提供了数十亿美元的长期贷款，这些贷款以销售给中国石油的收入作为担保。中国的援助形式多样，包括无息贷款、优惠贷款和赠款。大部分中国资金用于基础设施建设，自然资源开采仅约占 7%（Foster et al. 2008）。中国另外的两家金融机构——中国投资银行和国家外汇投资公司也为“一带一路”倡议项目提供资金支持。

新开发银行（NDB）又称金砖国家新开发银行，成立于 2014 年，2015 年开始运营，旨在为金砖国家及其他发展中国家和新兴国家的基础设施建设提供资金支持。预计新开发银行将扩大对非洲大陆的投资。新开发银行的初始授权资本为 1000 亿美元，初始认购资本为 500 亿美元，来自金砖国家的等额出资，各国权力相等，中国拥有否决权。新开发银行为世界银行之外的另一种资金来源。

新开发银行对世界银行和国际货币基金组织构成挑战，其主要职能是为基础设施项目提供资金支持。未来，亚投行和新开发银行可能将应急储备资金转为人民币计价，有望推动形成符合多边世界秩序的多元货币体系。去美元后，新开发银行的全球能源交易日益多元化，从而导致国际能源市场及其治理出现大幅变化。新开发银行大力推动“去美元化”，为抵御国际流动性压力提供保障，有助于改变以美元为基础的国际储备体系。

丝路基金于 2014 年启动，首期赠款为 400 亿美元，2017 年又承诺提供 150 亿美元用于基础设施建设。项目通过两种途径启动，一是由东道国政府和金融机构推荐，二是通过丝路基金启动。丝路基金是一种政策工具，而亚投行更关注可行的商业项目。

5.7 成本效益分析和项目的可行性

成本效益分析在全面的定性定量项目评估中扮演着重要角色。与私营企业股东的项目目标不同，“一带一路”倡议项目需要根据特定标准进行可行性评估。由于“一带一路”倡议项目由多个大型项目组成，每个项目都包含子项目，如设计和建设公路、铁路以强化互联互通。因此，对所有项目都必须进行充分的成本效益分析，以确保项目的可行性。这种分析需要考虑时间、人力、物质资源的分配，以及项目执行所需的资金。同时，无形因素也必须被考虑在内，如中国可能增强的地缘政治影响力所带来的利益和代价，以及更便捷获取原材料的成本和利益。此外，可能面临“一带一路”共建国家政权更迭等问题也应予以考虑。

基础设施项目的价值必须根据东道国的发展需要进行评估，不仅要促进原材料的开采，还应考虑推动东道国的经济发展，为国内企业开拓新市场。成本效益分析通过比较项目预期收益的现值和项目成本的现值，来评估项目的相对优势。投资策略需考虑长远经济目标、政治风险。尽管项目在经济上可行，但政治方面考虑更重要，社会成本的货币化也需要被考虑。

基础设施项目带来的附加利益和各项外部因素也必须纳入评估。“一带一路”倡议项目的成功实施将促进经济发展，重塑不同经济部门之间的关系。影响国际收支和经济发展的项目可能优先被考虑，而不仅仅是效益现值或成本比例较高的项目。"一带一路"倡议项目不仅涉及经济目标，还有政治目标，这些目标甚至有可能超越单纯的经济评估。

周期成本和收益可以通过净现值、投资回报率和收益成本比率进行计算。收益为正，成本为负。若净现值为正，项目可被视为经济可行。将利率用来衡量货币的现值、过去价值以及未来价值，将货币未来价值转换为现值，计算方式如下：

$$P=F\frac{1}{(1+i)}N$$

这里 P 是现值，F 是货币未来价值，i 是利率。

成本效益分析应重点关注项目的优势、劣势、机会和风险。中国在国际建筑市场的优势在于较低的建造成本，但随着中国工人工资的上涨和人民币升值，其成本可能增加。

外部政治因素的不确定性和风险无法被投资者所控制。风险包括政治不稳定性、无法收回金融成本或偿还债务的风险，虽然以原材料开采和相关产品未来市场收益为基础偿还债务的风险相对较小。

"一带一路"倡议的目标是促进各共建国家的经济发展，结合了联合国2030年可持续发展议程对减贫、消除不平等和应对气候变化的承诺。要顺利实施"一带一路"倡议，必须制定多样化的战略，并将这些战略具体化为有效的方案。具体而言，这包括总体规划，总体规划涵盖各种具体项目，具体项目由多方协调计划组成，以定量测算资源需求，例如人力资源、时间限制、资金需求和物资需要，需要进行成本效益分析。这种成本效益分析应当考虑多种无形的可变因素，包括共建国家认可的成本和效益、地缘政治影响、获取特定原材料和能源的成本与效益、资助项目的成本与效益，以及可能出现的政治干预或可能干扰项目的动荡等。传统的成本效益分析假设较富裕经济部门的边际效用与较贫穷经济部门相同，然而随着收入增加，单位货币的边际效用会下降。此外，也不能简单地认为有效的经济政策必然是好的政策，因此对“一带一路”倡议项目的成本效益分析不应局限于对具体项目的评估，还应考虑诸如安全和政治可行性等潜在投资风险要素。

5.8 结论

本章探讨了“一带一路”倡议基础设施建设对共建国家经济发展的促进作用，详细阐述了基础设施建设如何通过推动经济增长和提升竞争力，特别是通过增强互联互通和提高生产率来发挥作用。因此，基础设施建设又被视为达成目标的手段。基础设施建设可以促进技术和社会系统之间的协同，形成多维网络，实现互联互通，推动经济和社会发展。同时，“一带一路”倡议可以为中国提供丰富的原材料资源，打开出口市场。

一般来说，充分发展基础设施需要政府的协调，因为私营企业通常以短期利润最大化为目标，不愿意对基础设施进行长期投资。对于“一带一路”倡议项目的可行性评估超出了私营企业的利益范围。例如，必须评估中国地缘政治影响力日益增长带来的成本和收益，以及可能对实施“一带一路”倡议产生影响的政权更迭。一般的成本效益分析未考虑结构转型所带来的巨大的正向外部效应。然而，“一带一路”倡议项目的成本效益分析应该从经济、社会和政治三个层面来评估项目的优势和劣势。

“一带一路”倡议既带来新挑战，也带来新机遇，特别是可能开启一个新的世界秩序，这将引起那些希望维持单极世界的人的强烈反对。如果成功实施，“一带一路”倡议将改变全球国际贸易关系和国际关系。以经济可持续发展为目标的“一带一路”倡议是多边主义的核心支柱，与单边主义形成鲜明对比。共建国家将从中获得协同效益和互补优势，但也可能有反对的声音，因为它将挑战现行世界秩序。“一带一路”倡议不只是以中国为中心，还为建立成员间的多边合作提供了长期战略指引。

成功实施“一带一路”倡议可能增加中国经济模式或“北京共识”对其他国家的吸引力。随着“一带一路”倡议带来新机遇，将有更多国家参与其中。“一带一路”倡议作为国际合作中规模最大的项目，将产生深远的影响。中国通过“一带一路”倡议为全球架起连接各大洲的桥梁。“一带一路”倡议基础设施建设项目资金主要来自中国，同时亚投行和新开发银行等国际金融机构也提供了大量资金。

对于“一带一路”倡议而言，经济发展是个关键概念，需要有目的性的行动，否则尽管经济可能增长，但进一步发展和进步的可能性较小。经济发展需要观念上的和管理上的改变，需要包容各方，将经济的前向和后向联系起来，促进最优化配制经济发展。最重要的是，经济发展应惠及全社会，而非特定的利益群体。

参考文献

Barro, R. J. (1997).Determinants of Economic Growth: A Cross-Country Empirical Study. Cambridge, MA: The MIT Press.

Blackwill, R. D., &Harris, J. M. (2016). War by Other Means: Geoeconomics and Statecraft. Council of Foreign Relations Series. Cambridge, MA and London: Harvard University Press and Belknap Press.

Blonigen, B., & Wilson, W. (2008).Port Efficiency and Trade Flows. Review of International Economics, 16(1), 21-36.

Boffa, M. (2018).Trade Linkages between the Belt and Road Economies (Policy Research Working Paper 8423). Washington: World Bank Group.

Bose, N. (2005). Endogenous Growth and the Emergence of Equity Finance.Journal of Development of Economics, 77(1), 173-188.

Boyd, J. H., & Smith, B. D. (1998). The Evolution of Debt and Equity Markets in Economic Development.Economic Theory, 12, 519-560.

Calderón, C., & Liu, L. (2003).The Direction of Causality Between Financial Development and Economic Growth. Journal of Development Economics, 72(1), 321-334.

Chu, J., & Zheng, X.-P. (2013). China' s Fiscal Decentralization and Regional Economic Growth. The Japanese Economic Review, 64(4), 537-549.

Clark, X., Dollar, D., & Micco, A. (2004). Port Efficiency, Maritime Transport Costs and Bilateral Trade.Journal of Development Economics, 75(2), 417-450.

Dadvar, E., Seyedalizadeh Ganji, S. R., & Tanziti, M. (2011). Feasibility of Establishment of "Dry Ports" in the Developing Countries—The Case of Iran. Journal of Transportation Security, 4(1), 19-33.

Deidda, L. (2006). Interaction Between Economic and Financial Development. Journal of Monetary Economics, 53(2), 233-248.

Foster, V., Butterfield, W., Chen, C., & Pushak, N. (2008). Building Bridges: China' s Growing Role as Infrastructure Financier for Sub-Saharan Africa. Trends and Policy Options, (5). Washington, DC: The World Bank/Public Private Infrastructure Advisory Facility.

Foster, V., Butterfield, W., Chen, C., & Pushak, N. (2009).Building Bridges: China' s Growing Role as Infrastructure Financier for Africa. Washington, DC: The World Bank.

Foster, V., & Briceño Garmendia, C. (2010).Africa' s Infrastructure: A Time for Transformation. Washington, DC: The World Bank.

Greenwood, J., & Javanovic, B. (1990).Financial Development, Growth, and the Distribution of Income. Journal of Political Economy, 98(5), 1076-1107.

Hirschman, A. O. (1958).The Strategy of Economic Development. New Heaven, CT: Yale University Press.

Hirschman, A. O. (1977). A Generalized Linkage Approach to Development with Special Reference to Staples. In M. Nash (Ed.), Essays on Economic Development and Cultural Change in Honor of Bert F. Hoselitz (pp. 67-98). Chicago: University of Chicago Press.

Joshua, J. (2015).The Contribution of Human Capital towards Economic Growth in China. Houndmills Basingstoke, Hampshire: Palgrave Macmillan.

Kopiński, D., & Sun, Q. (2014). New Friends, Old Friends? The World Bank and Africa When the Chinese Are Coming.Global Governance, 20(4), 601-623.

Lin, J. Y. (2012).The Quest for Prosperity: How Developing Economies Can Take off. Princeton, NJ: Princeton University Press.

Lin, J. Y., & Liu, Z. (2000). Fiscal Decentralization and Economic Growth in China.Economic Development and Cultural Change, 49(1), 1-21.

Lin, J. Y., & Wang, Y. (2016).New Structural Economics and Resource Financed Infrastructure. Pacific Economic Review, 21(1), 102-117.

Ma, A. C., &Assche, A. V.(2016). Spatial Linkages and Export Processing Location in China.The World Economy, 39(3), 316-338.

McKinnon, R. (1973).Money and Capital in Economic Development. Washington, DC: The Brookings Institution.

Pál, N. (2013). Chinese Investors, Labour Discipline and Developmental Cosmopolitanism.Development and Change, 44(6), 1387-1405.

Pipek, V., & Wulf, V. (2009). Infrastructuring: Toward an Integrated Perspective on the Design and Use of Information Technology. Journal of the Association for Information Systems, 10(5), 447-473.

Rodríguez-Clare, A. (1996).Multinationals, Linkages, and Economic Development. American Economic Review, 86(4), 852-873.

Ross, M. (1999). The Political Economy of the Resource Curse. World Politics, 51(2), 297-322.

SCIO. (2015).State Council Information Office of the People' s Republic of China. BRI Infrastructure Investment is to Reach ＄6 trillion. http://www.scio.gov.cn/m/31773/35507/35524/Document/1527954/1527954.htm.

Shaw, E. S. (1973).Financial Deepening in Economic Development. New York: Oxford University Press.

Stevens, P. (2003). Resource Impact: Curse or blessing? A Literature Survey. Journal of Energy Literature, 9(1), 1-42.

United Nations. (2017).Economic and Social Commission for Asia and the Pacific Review of Developments in Transport in Asia and the Pacific. Transport for Sustainable Development and Regional Connectivity. Bangkok: ESCAP.

World Bank. (2009). Eastern Africa—A Study of the Regional Maize Market and Marketing Costs. Washington, DC: World Bank.

World Bank. (2011). Missing Food: The Case of Postharvest Grain Losses in Sub-Saharan Africa (Technical Report). Washington, DC: World Bank, FAO.

World Bank. (2012). Transformation Through Infrastructure. Washington, DC: World Bank.

World Bank. (2016). Connecting to Compete: Trade Logistics in the Global Economy. Washington, DC: World Bank.

Yatsen, Sun. (1922). The International Development of China. New York: G. P. Putnam's Sons.

Zhang, X., Xing, L., Fan, S., et al. (2008). Resource Abundance and Regional Development in China. Economics of Transition, 16(1), 7-29.

第 6 章 “一带一路”倡议的项目

6.1 引言

本章详细介绍了“一带一路”倡议的多个项目，分别涉及以下地理和地缘政治区域：北海航线（NSR），欧洲和欧亚连接线，中国、日本、韩国、朝鲜东亚四国，东南亚地区，南亚和中巴经济走廊（CPEC），中东，非洲大陆，拉丁美洲。

按照麦金德（Mackinder 1904）的地理枢纽概念，“一带一路”倡议在中心地带和边缘地带同时推进。

北海航线又称冰上丝绸之路，起于巴伦支海，终于白令海峡，在东北亚和欧洲之间开辟了一条潜力巨大的通道，没有了马六甲海峡和苏伊士运河的潜在风险。第三节探讨了亚洲与欧洲的连接促进了欧亚经济一体化，并对推动这种联系的各种项目进行了综述。欧亚航线连接了中国连云港、鹿特丹和地中海，途经乌鲁木齐，凸显了土耳其作为东西文明十字路口的重要地位。

第四节论述了东亚四国（中国、日本、韩国和朝鲜）的重要性及其与“一带一路”倡议的相互作用，介绍了促进东亚四国互联互通和经济增长的多个项目。

第五节介绍了东南亚的主要前景以及其对经济发展的贡献。在探讨东南亚的“一带一路”建设情况之后，分析了南亚的多边项目，重点介绍了中巴经济走廊。中巴经济走廊于2013年启动建设，预计在2030年完工，项目总投资额高达460亿美元。中巴经济走廊连接了南亚与中亚，有望促进该地区的贸易和投资。

中东地区对“一带一路”倡议也至关重要，特别是中国作为全球最大的石油进口国和第二大液化天然气进口国。该倡议连接了亚欧非市场，跨越多个国家。非洲目前正处于经济迅速增长的阶段，但该地区仍未实现充分一体化，因此在谈判上处于较为弱势的地位。第九节探讨了拉丁美洲“一带一路”倡议项目的情况，预计要实施多个连接大西洋和太平洋的项目。

长期来看，政治干预不太可能阻止“一带一路”倡议的成功，因为相较于全球政治权力游戏，经济利益更加重要。所有项目的介绍都基于这一假设。“一带一路”倡议的影响将在第二卷中进一步展开。第二卷第四章详细阐述了“一带一路”倡议对中国国内经济社会发展的影响，该卷第五章则探讨了“一带一路”倡议对共建国家的影响，该卷第六章阐述了“一带一路”倡议对全球经济的影响。

在13世纪，蒙古人建立了欧亚贸易区，这个贸易区如今成为欧亚大陆的重要枢纽。古丝绸之路的复兴可能会促进各国之间的关系发展，为共建国家带来互利共赢。古代海上丝绸之路自中国延伸至埃及。而今，新丝绸之路在新疆分成南北两条路线，沿着塔克拉玛干沙漠边缘一直延伸至印度、中亚和地中海地区。丝绸之路从一开始便连接多条路线，是全球化的开端。1877 年，李希霍芬提出“丝绸之路”概念。目前，丝绸之路经济带有两大核心目标：复兴连接东西方的古代丝绸之路；建设促进丝绸之路共建国家经济联系的纽带。2013 年 9 月，中国宣布启动“丝绸之路经济带”，同年 10 月宣布启动“21 世纪海上丝绸之路”，统称为“一带一路”。

海洋安全关系到海上交通通道经济和政治的安全。若海洋安全受到威胁，一国的经济，尤其是其全球贸易，就会失去保障。海上航道对原材料和能源的运输以及全球贸易至关重要，一旦中断，将对各国经济带来不利影响。霍尔木兹海峡连接印度洋和波斯湾，对原油的持续供应极为重要。由于独特的地缘经济和政治地位，土耳其在“一带一路”倡议的成功实施中扮演着重要角色。土耳其与伊朗、巴基斯坦在实施“一带一路”项目上非常重要。中国计划扩大在土耳其港口、地中海、黑海和爱琴海的基础设施建设，这些地区的港口都将通过铁路连接。

“一带一路”倡议在能源领域开发了多个项目，主要涉及石油、天然气以及石化、电站和光纤等领域。为此，“一带一路”建设了横跨五大洲的公路、铁路和港口等众多基础设施，促进各地的互联互通。连接中国港口与地中海及非洲多个港口的海上航线将进一步增强这些地区之间的互联互通。这类项目必须由政府主导，因为私人股份公司对这种规模的公共投资往往不感兴趣。一旦必要的基础设施得以建成，将极大促进有关国家之间的贸易，进而有助于经济增长。“一带一路”基础设施建设很符合中国俗语所说的“要致富，先修路”。

“一带一路”倡议是一项跨越各大洲的全球性倡议，旨在横跨亚洲大陆，连接太平洋和大西洋。该倡议涵盖三条主要走廊：北部走廊沿西伯利亚大铁路延伸；中部走廊沿古丝绸之路延伸；南部走廊从中国出发，经巴基斯坦、土耳其延伸至欧洲。然而，一些政治对手可能会阻碍“一带一路”倡议的成功实施。“一带一路”倡议可以被视为中国经济所取得的成功的一种延续和加强。而且，早在2013年公布的一些项目如希腊比雷埃夫斯港扩建等已经开始实施。根据张明武的研究，“在中国的主导下，一个新的地区秩序正在形成，通过各种通信和能源系统的联系促进经济发展”。2011年，重庆—杜伊斯堡铁路开始全面运营，它们将汽车零部件从德国莱比锡和雷根斯堡运往中国沈阳。2016年以来，中国的铁路已连接了国内16个城市和欧洲的12个城市。

中国新疆是“一带一路”倡议最重要的枢纽，也是油气资源输送的十字路口。新疆通向中亚、俄罗斯和欧洲地区，是中国通往西方的重要门户，同时是“一带一路”倡议的重要物流枢纽，对欧亚一体化至关重要。基础设施建设已成为新疆的优先任务。目前，新疆正在全面改建17个机场。新疆与印度洋和太平洋相距数千公里，中国喀什与巴基斯坦瓜达尔港之间的联系非常重要，作为交通枢纽可以推动互联互通，保障经济可持续发展。

交通和通信的快速发展加速了生产进程，缩短了周转时间，提高了投资回报率。中国城市之间的半径距离并不等同于运输距离。举例来说，乌鲁木齐到汉堡市的公路距离要比杭州到汉堡市短，但是由于货物需要先从乌鲁木齐运至海港，再以海运方式运至汉堡市，导致乌鲁木齐到汉堡市的海运距离反而比杭州到汉堡市的海运距离更长。艾莉森·马和阿里·范·阿舍（Ma and van Assche 2016）将距离分为两个部分，即公路运输距离与从港口运至最终目的地国家的距离之和。然而，他们在选择港口时需要考虑到港口也可能很快会失去原有优势，像中国西部和西南部各省（区）如新疆、青海、甘肃、宁夏和四川等，一旦当巴基斯坦瓜达尔港建成后就会转向利用该港口。

6.2 北海航线

本节详细介绍了北海航线。北海航线为东亚与欧洲之间的货物运输开辟了一条重要的过境路线，与“一带一路”形成了直接竞争。根据俄罗斯的说法，北海航线也被称为冰上丝绸之路，穿过俄罗斯领海，从新地岛延伸到属于俄罗斯专属经济区（EEZ）的白令海峡，连接了欧亚大陆的西部和东部。北海航线横跨北冰洋，沿俄罗斯北部海岸从杰日尼奥夫角延伸到摩尔曼斯克，西起巴伦支海，东至白令海峡。

随着海冰的融化，东北航道与相关基础设施建设关联密切。在西部的摩尔曼斯克和东端的彼得罗巴甫洛夫斯克，将建立起航运枢纽。俄罗斯最大的基础设施项目位于摩尔曼斯克，包括公路、铁路和港口。而亚马尔半岛的萨贝塔港口正由俄罗斯政府与该国最大的独立天然气生产商诺瓦泰克共同建设。

温室效应导致北极冰层迅速融化，北海航线将为东北亚和欧洲之间集装箱货物运输提供一种有潜力的运输方式。北极大陆架蕴藏着大量的自然资源。中国、日本、韩国严重依赖进口能源，同时又向欧盟出口大量产品。北海航线就显得十分便捷，比经过印度洋和苏伊士运河的路线缩短了40%的距离。

开通北海航线，中国能够减少一些战略关键位置的风险，如马六甲海峡、苏伊士运河和直布罗陀海峡。在许多方面，这是一条比跨越南海和马六甲海峡更安全的运输路线，特别是中国80%以上的石油进口要经过马六甲海峡。建设连接巴基斯坦和中亚的基础设施是避开马六甲海峡的另一种方式，因此会增加中国石油和天然气进口的安全性。如果从东亚跨越远东海岸和俄罗斯北极直达欧洲，俄罗斯的北海航线将是一条比通过马六甲海峡更安全的过境路线。可以说，俄罗斯的北海航线对中国来说是一个比北美大陆北部海岸的西北航道更好的选择。

北海航线连接着横滨和符拉迪沃斯托克（海参崴）与鹿特丹，沿途停靠港口大约需要20天的时间；若中途不停靠任何港口，时间则可缩短至7~15天。与通过印度洋和苏伊士运河的航线相比，通过北海航线从东南亚到欧洲的运输时间缩短了一半。日本如果加入欧亚一体化对各方都有利，然而政治因素等常常会对政策制定形成干扰。从贸易来说，修建一条连接俄罗斯库页岛和日本北海道的天然气管道符合两国的利益。北海航线基础设施的建设将对俄罗斯北极地区和远东地区的经济产生重要影响，它将把“一带一路”倡议延伸至北极，有望成为国际贸易的主要航道。

北海航线有利于加速欧亚经济一体化，并推动经济进一步发展。例如，贝尔科穆尔项目从阿尔汉格尔斯克到科米，再进入乌拉尔。阿尔汉格尔斯克和摩尔曼斯克有望成为连接俄罗斯内陆和北欧、中欧、南欧的交通枢纽，而亚马尔则可能成为另一个有利可图的油气生产项目。中国在俄罗斯亚马尔液化天然气项目上进行了重大投资。

北海航线是“一带一路”项目的重要补充。尽管南海航线经过社会冲突频发的国家，但在经济发展方面有一定优势。虽然北方海上航线沿途相对平静，但经济增长机会较少，尤其目前如此。从上海经北海航线至汉堡市，比走南方海上航线缩短约 4500 公里，将显著降低运输成本。

消费品从东亚运往欧洲可以通过北海航线或西伯利亚大铁路。北海航线连接南滨海边疆区港口与摩尔曼斯克，并可以通过陆路进入欧洲，目前仅在夏季能够通航。随着北极无冰区域的增加，开采碳氢化合物沉积物和北海航线过境运输的机会也在增加，这将促进中国东北地区的经济发展。西伯利亚大铁路有多条通往中国的路线，都经过俄罗斯远东地区，包括通过西伯利亚铁路直达，通过俄罗斯滨海边疆区的港口、哈巴罗夫斯克州的瓦尼诺港以及贝加尔—阿穆尔铁路到达，这些铁路的基础设施都需要大幅改善。

北海航线也对韩国和越南以及欧洲国家有益。日本和俄罗斯在萨哈林州和北海道的邻近地区，以及在毗邻的库页岛和北海道推进各种项目的时候，彼此都会受益。日本需要原材料，俄罗斯可提供碳氢化合物。日本可从亚马尔项目获得液化天然气等原材料。俄罗斯的西伯利亚铁路也可通过韩国铁路延伸至东京，帮助日本与欧洲进行贸易。

到 2025 年，预计俄罗斯北极地区的亚马尔将吸引超过 1000 亿美元的投资，用于开发这一地区丰富的石油和天然气资源，服务于俄罗斯、中国以及欧洲的多个国家。亚马尔地区也将通过天然气管道连接至北溪，向德国和欧洲其他地区输送天然气。亚马尔地区有望成为俄罗斯北海航线的中心枢纽，串联太平洋和沿俄罗斯北极圈的大西洋，并将显著缩短从中国到欧洲的运输时间，预计减少约12天。

北溪-2天然气管道项目是俄罗斯天然气工业股份公司（Gazprom）与多家欧洲能源公司合资的重大项目。俄罗斯目前为欧洲供应了约35%的天然气需求，旨在绕过乌克兰从俄罗斯输送天然气至德国，并连接至其他欧盟国家。其间德国表达了终止北溪-2项目的意愿，但面临着巨大压力，因为这一项目对德国及其他欧洲国家都具有重要意义。如果项目流产，欧洲将不得不转向从美国进口页岩气，成本远高于从俄罗斯进口天然气。此外，美国提供的液化天然气供应也无法满足欧洲的需求。北溪-2项目的优势在于，与可能途经乌克兰的俄德管道相比，从俄罗斯亚马尔到德国的运输成本仅为其一半。从俄罗斯进口天然气比从其他国家进口更经济实惠，价格相较其他供应商便宜20%~30%。

6.3 欧洲和欧亚连接线

本节讨论了欧洲和欧亚之间的联系，阐述由于经济上的互补性，预计欧洲和欧亚最终可能会实现经济一体化。这种一体化在一定程度上是通过“一带一路”倡议来推动实现的。

截至2019年，中国对欧盟的基础设施以及电厂、机场、化工企业等方面的投资已超过1000亿美元。中国自2008年开始运营希腊比雷埃夫斯港，并持有比雷埃夫斯集装箱码头51%的股份。2016年，中国以4.19亿美元的价格收购了比雷埃夫斯港管理局67%股权。比雷埃夫斯港成为中国通往欧洲的重要货运入口。中国正在修建一条铁路连接比雷埃夫斯港和布达佩斯，便利地中海至西欧、中欧和东欧之间的货运。此外，中国还收购了比利时泽布吕赫码头的100%股权、荷兰鹿特丹港Euromax码头的35%股权，以及西班牙诺阿图姆港的大部分股权。中国交通建设股份有限公司（CCCC）赢得了在汉堡市南部建造新集装箱码头的合同。同时，威尼斯有望成为一个包括离岸陆上港口系统的重要枢纽。

南溪项目是一个可行的方案，就是建造一条从阿塞拜疆经土耳其、希腊、保加利亚、罗马尼亚，最终抵达奥地利的天然气管道。然而这些国家受到政治上的压力，被要求不要参与此类项目，以免俄罗斯的天然气因价格优惠而进入欧洲市场。中国通过中国进出口银行为布达佩斯—贝尔格莱德铁路的升级改造提供了85%的资金支持。已有16个欧洲国家加入了“一带一路”倡议，包括波兰、阿尔巴尼亚、波斯尼亚和黑塞哥维那、保加利亚、克罗地亚、捷克、爱沙尼亚、匈牙利、拉脱维亚、立陶宛、北马其顿、黑山、罗马尼亚、塞尔维亚、斯洛伐克和斯洛文尼亚。

2017年6月，大庆至比利时泽布鲁日港的第一条铁路线开始运营。2018年，连接唐山市和比利时安特卫普港的第二条铁路线也投入使用。自2014年以来，约有1.1万列火车在欧洲和中国之间往返。

欧亚铁路起始于东海连云港，途经乌鲁木齐至鹿特丹，然后经伊斯坦布尔至地中海。俄罗斯远东地区总面积超过600万平方公里，居住人口约620万。中亚地区是连接中国和欧洲的纽带，哈萨克斯坦位于欧亚大陆中心，将成为欧亚地区的交通枢纽。哈萨克斯坦拥有2000多万人口，是世界第九大国家。新增基础设施建设项目包括毗邻中国的多斯特克至靠近里海的阿克陶之间的铁路。里海库里克港和中欧高速公路的建设工程也在积极推进。

位于哈萨克斯坦的“霍尔果斯—东大门”经济特区为中国和哈萨克斯坦提供了一个重要的交通枢纽。中国列车使用的铁路轨道标准为1435毫米的斯蒂芬森轨距，货物在“霍尔果斯—东大门”经济特区从中国列车转至更宽轨距的列车。采用“标准轨距”系统可以促进互联互通。中国和欧洲大多使用标准的1435毫米轨距，俄罗斯则使用1520毫米轨距，集装箱运输可以大大缓解轨距不同带来的困扰。欧洲对中国的出口将会增加，这将使中国与欧洲之间陆上双向运输更加有利可图。

“一带一路”倡议的成功实施有助于俄罗斯和中国成为地缘政治大国。地缘经济和地缘政治相辅相成。建设一条经过朝鲜连接库页岛和西伯利亚气田与韩国的管道，这是顺理成章的。将朝鲜半岛纵贯铁路与西伯利亚大铁路串联起来，这种联系还可以延伸至日本。修建铁路、公路和隧道等基础设施连接库页岛和日本北海道，就能将“一带一路”向日本延伸。

全长约3000公里的“西伯利亚力量”天然气管道属于中俄东线天然气管道项目。该天然气管道与中国相连，通过布拉戈维申斯克通往中国。跨越贝加尔湖地区的拜斯特林斯基项目离中国边境约400公里。俄罗斯扎巴伊卡尔斯基边疆区奇塔地区的拜斯特林斯基拥有大量铜矿和金矿。黑河—布拉戈维申斯克界河公路大桥在阿穆尔河上建成，它连接俄罗斯与中国，于2022年投入运营。由于“一带一路”倡议的推动，黑河—布拉戈维申斯克界河公路大桥将与中蒙俄经济走廊相连接。

中亚铁路网与中国、俄罗斯和伊朗相连。2014年，中亚地区铁路总长度约为22664公里，其中大部分位于哈萨克斯坦。各中亚国家的铁路长度分别为：哈萨克斯坦14319公里，吉尔吉斯斯坦417公里，塔吉克斯坦621公里，土库曼斯坦3115公里，乌兹别克斯坦4192公里（World Bank 2014）。中国、中亚各国和土耳其将通过一条长达4500公里的铁路相连。鉴于西方国家撤出对土耳其的投资，中国可能向该国加大投资。土耳其地缘战略地位独特，作为欧亚大陆能源运输枢纽和走廊的地位日益重要。土耳其与中国的经济关系相辅相成，土耳其地处欧亚能源运输走廊的核心，在安全方面对中国具有战略意义，而中国可以为土耳其的经济增长提供新的机会。

土耳其位于连接里海、俄罗斯和中东的全球能源贸易的关键地带，扮演着“一带一路”枢纽的角色。全球大部分天然气和石油储量位于里海、中东和俄罗斯地区，土耳其处于全球能源贸易的十字路口。巴库—第比利斯—卡尔斯铁路环绕黑海通行，提升了区域互联互通水平。土耳其有望加入上海合作组织，成为连接中国和欧洲的桥梁。预计伊朗、阿富汗、巴基斯坦及其邻国，最终也可能加入上海合作组织。尽管土耳其仍是北约成员国，但其与伊朗和俄罗斯关系日益密切，甚至采购了俄罗斯S-400防空导弹系统等装备。

“一带一路”倡议对中土两国经济具有重要意义，双方正在进行管道建设，并签署了关于发展“一带一路”倡议的谅解备忘录。

土耳其位于亚欧大陆交会处，将成为欧洲及其他国家之间的重要中转站。土耳其地理位置对全面实施“一带一路”倡议、促进欧亚地缘经济互联互通与经济社会发展具有重要意义。土耳其是欧洲和中东地区经济增长最快的国家之一，年增长率约为8%。日本与土耳其正达成多项非美元计价的双边协议。

中国新疆是通往欧亚大陆的重要“一带一路”通道。连接新疆至莫斯科和圣彼得堡的新亚欧大陆桥包括哈萨克斯坦“霍尔果斯—东大门”经济特区，目前已在运行。

此外，关税联盟有助于加强中亚国家之间的互联互通，其至少涵盖亚美尼亚、白俄罗斯、哈萨克斯坦、吉尔吉斯斯坦和俄罗斯在内的欧亚经济联盟（EAEU）。其余核心国家如亚美尼亚、哈萨克斯坦、吉尔吉斯斯坦、塔吉克斯坦和土库曼斯坦等之间也能加强互联互通。对相关国家有利的是，欧亚经济联盟和中国有关地区正联合起来，改善彼此之间的互联互通，合作将从能源领域向其他领域拓展，因为能源部门已展开了多项基础设施建设工作。

6.4 中、日、韩、朝东亚四国

本节讨论“东亚四国”的概念，探究了未来地缘政治变化对“一带一路”倡议的影响。东亚四国与“一带一路”倡议之间存在多方面的互动影响，特别在东亚内部以及连接欧洲的各种过境路线的竞争的情况下。俄罗斯远东和西伯利亚地区的经济开放，为这些地区带来了巨大的投资潜力，尤其受益于来自中国、日本和韩国的投资。

俄罗斯远东地区被日本这样的发达国家以及中国、朝鲜、蒙古等发展中国家所包围并设立了许多经济特区。该地区拥有丰富的自然资源，如锌、铁、铂、锰和煤，俄罗斯正在扩大从库页岛向亚洲市场的天然气和石油出口。2015 年，中俄设立了 100 亿美元的农业基金，用于改善基础设施，增加对中国的出口。中国和俄罗斯都是陆地大国，因此可能面临更多的地缘政治和市场限制，俄罗斯较容易受到全球市场波动和政治动荡的影响。

俄罗斯与韩国实现互联互通的最佳途径是通过朝鲜。西伯利亚大铁路已连接至朝鲜的罗津港，便于进一步延伸至韩国。朝鲜半岛纵贯铁路和西伯利亚大铁路的连接将推动韩国与欧亚大陆之间的贸易往来。俄罗斯和韩国地理位置优越，可建立各种地理联系，促进农产品、渔业、天然气和电力供应，并推动合作项目的开发，例如铁路、北海航线和各类海港的建设。朝韩对东亚经济体具有重要意义，因为其地理位置优越。

朝鲜半岛纵贯铁路和朝鲜港口升级将有利于连接“一带一路”参与国与欧亚经济联盟。中俄双方共同开发了位于日本海域的扎鲁比诺港，通过公路和铁路可与边境城市珲春相连，并有望与朝鲜罗津港建立联系。随后，该铁路线将继续通往韩国，并有望通过隧道抵达日本，然而政治因素常常会影响经济政策的执行。俄罗斯的扎鲁比诺港将使中国能够直接进入靠近朝鲜和中国边界的日本海南部。西伯利亚大铁路连接莫斯科和符拉迪沃斯托克（海参崴），总长约 9000 公里。计划建设的韩国与日本之间的海底隧道将为日本通过俄罗斯对欧洲进出口贸易打开新的通道。

扎鲁比诺港全年不结冰，当朝鲜半岛纵贯铁路最终与西伯利亚大铁路相连时，将与“一带一路”共建国家相连，从而形成“铁路丝绸之路”。俄罗斯通过朝鲜到韩国的天然气管道将带来巨大利益，可以有助于缓解地缘政治紧张局势。尽管少数国家可能反对这种联盟，但联合推动经济发展符合韩国和朝鲜的利益。

俄罗斯远东的无冰海域为经济发展提供了广阔前景，例如修建北海航线和开采碳氢化合物矿床。这样的建设对中国、韩国和日本都是有利的，因为这三个国家的能源需求依赖进口，并可以利用航程缩短40%的北海航线作为通往其商品出口市场的另一条途径。选择北海航线而非经印度洋再经苏伊士运河的路线，可以大大节省时间和运输成本。

俄罗斯和中国将通过黑河—布拉戈维申斯克界河公路大桥相连，大桥连接俄罗斯远东地区的布拉戈维申斯克和中国黑龙江的黑河，而黑河又与中蒙俄经济走廊相连，后者再通往欧亚经济联盟。下列宁斯科耶—同江铁路大桥连接中国黑龙江省同江市和俄罗斯远东地区的下列宁斯科耶，在中蒙俄经济走廊的建设中扮演着重要的角色。一旦朝鲜加入“一带一路”倡议，将促进区域经济一体化。

“一带一路”将最终贯穿朝鲜和韩国，延伸至日本对马岛，以便东京通过朝鲜半岛和西伯利亚与欧洲相连。对马岛位于日本和韩国之间，距离两国海岸约50公里，这种联系将极大地促进这些国家之间互惠互利的贸易。韩国可以通过朝鲜半岛纵贯铁路进入西伯利亚大铁路，这是最佳选择，因为距离最短且最经济。此外，韩国还可通过南滨海边疆区和哈巴罗夫斯克地区的瓦尼诺港以及贝加尔—阿穆尔铁路（BAM）连接西伯利亚大铁路，滨海边疆区将能够进一步发展，为俄罗斯的远东海域开发带来更多好处。

韩朝合作不仅对其自身具有重要意义，还会给中国、日本、俄罗斯及整个欧亚大陆国家带来巨大经济利益。韩朝将通过升级改造的公路和铁路与俄罗斯相连。命运共同体概念可用于朝鲜半岛，最终将惠及其他“一带一路”共建国家，尤其是欧亚大陆国家。朝鲜与韩国之间基础设施建设的联系将推动过去被忽视的东北地区的经济发展。中国、俄罗斯有希望合作推动朝鲜的基础设施建设，例如通过横贯朝鲜的铁路将中国和韩国连接起来。

中俄经济具有强烈的互补性，适当的投资条件下，“一带一路”倡议有望为双方带来双赢。中俄投资合作被比喻为“打开套娃”，象征着逐层展开的合作，就如打开俄罗斯套娃那样。比如，货币一体化的深入或可使贸易使用人民币结算。

未来 10 年内，俄罗斯将继续居于全球石油和天然气生产前五之列。俄罗斯拥有全球最大的天然气储量，约为 49.1 万亿立方米，石油储备列全球第六位，达 800 亿桶，成为重要的天然气和石油出口国。俄罗斯与中国签订了首份价值达 4000 亿美元的天然气供应协议，自 2014 年起开始向中国输送西伯利亚天然气。根据协议，俄罗斯天然气工业股份公司（Gazprom）每年向中国输送 0.3 千亿立方米的天然气，同时额外交付 0.4 千亿立方米，使中国成为俄罗斯最大的天然气客户（Snyder 2016）。普里拉兹洛姆诺耶油田于 2016 年成为俄罗斯北极大陆架上第一个产油油田（Kaminskii et al. 2011）。通过土耳其将里海地区的天然气输送至奥地利的南方天然气管道正在建设中，连接俄罗斯和德国的北溪管道自 2012 年起开始运行。

2014 年，俄罗斯天然气工业股份公司与中国石油天然气集团有限公司签署了有史以来最大的天然气合同，合同价值超过 4000 亿美元，并已执行。此合同包括修建天然气管道和供应西伯利亚天然气给中国，俄罗斯将在 30 年内每年向中国输送 380 亿立方米的天然气。另有第二条西伯利亚天然气管道①计划每年向中国和其他东亚国家额外输送 300 亿立方米的天然气，但目前项目暂时搁置。库页岛 80 亿立方米产能的天然气项目目前也处于搁置状态。亚马尔液化天然气公司正在建设尤日诺-坦贝斯科耶气田的液化天然气工厂，部分资金来自丝路基金，项目得到日本、中国和法国的支持。该工厂已于 2017 年 12 月投产，未来产能将增加 30%。

连接俄罗斯和日本的基础设施项目涉及两大工程：一是连接俄罗斯大陆和库页岛的桥梁，二是连接库页岛和日本的桥梁。这些项目将与“一带一路”倡议融为一体，促进区域内的经济发展。成功实施这些项目将为库页岛、北海道以及符拉迪沃斯托克（海参崴）地区的经济增长带来动力。值得一提的是，库页岛和北海道以及符拉迪沃斯托克（海参崴）地区都是巨大的原材料和石油市场，与日本、中国有着密切的经济联系。此外，这些基础设施项目的成功实施还将促进欧洲与远东地区的贸易。除了上述项目，2008 年规划的连接萨哈巴罗夫斯克至符拉迪沃斯托克（海参崴），然后延伸至韩国的长达 1100 公里的俄罗斯天然气管道项目也已重新启动，预计年输送量将达到 200 亿立方米。此外，俄罗斯与朝鲜计划在铁路、海港、北极航运、天然气以及造船等多个领域展开合作。

日本正在扩大与俄罗斯在基础设施建设方面的合作，这有助于

① 西伯利亚天然气管道，即中俄东线天然气管道，起自俄罗斯东西伯利亚，终至江苏南通海门，2019 年 12 月已经正式投产通气。——译者注

推动俄罗斯远东地区的经济发展。西伯利亚大铁路连同渡轮将实现中国与俄罗斯、日本和韩国之间的连接。俄罗斯东部经济合作对远东及西伯利亚地区经济增长至关重要，而日本和俄罗斯之间的合作也将对项目建设地区的经济发展产生积极影响。由中国、日本和韩国共同推动的联合项目对区域内各国将带来更多利益。覆盖俄罗斯全境的俄罗斯石油运输公司的 16000 公里管线将与另一条 1000 公里的管线连接，使得管线网络与韩国和日本连接起来。值得一提的是，俄罗斯管理着从堪察加延伸至北海道的千岛群岛。虽然俄罗斯在 1956 年同意将齿舞和色丹归还给日本，但由于日本要求俄罗斯归还全部四个岛屿，这一协议并未最终落实。若俄罗斯将择捉、色丹、齿舞和国后群岛归还给日本，日本有望在西伯利亚及远东地区进行巨额投资，这对俄罗斯经济的贡献将超乎岛屿本身。

如果“一带一路”倡议成功实施，日本可能会考虑加入该倡议，尽管目前有一些犹豫。现在，中日正就区域全面经济伙伴关系协定（RCEP）进行谈判。日本坚持全球化和自由贸易原则，同意在“一带一路”框架内与中国展开合作。随着“一带一路”倡议的成功推进，日本最终可能会加入该倡议和亚洲基础设施投资银行（亚投行），因为这符合日本的经济利益。日本可能还会与其他国家联手，尤其是与中国一道反对美国的关税政策，因为两国都受到美国对钢铁和铝产品加征关税的影响。若日本最终加入“一带一路”倡议，将对美国构成一大挑战，而美国将面对更为复杂的地缘政治形势。

中国对天然气的需求巨大，因此与俄罗斯和美国签订了合约。2017 年，中国与阿拉斯加州政府签署了一项天然气生产协议，美国原本计划以430亿美元的价格出售给中国，但由于美国加征关税和制裁，合作终止。2018年7月，中国对进口的美国原油征收了25%的关税，导致中国对西非和伊朗的原油进口量增加。

阿拉斯加是美国离中国最近的州之一，因此可以作为中国通往北美的门户。欧亚大陆可以通过在白令海峡下建设一条100公里的隧道与美洲大陆相连，随后连接白色隘口—育空铁路，最终从育空地区穿越加拿大领土到达新斯科舍省，然后通往南美大陆。这将使加拿大和中国受益，因为加拿大能够提供中国需要的原材料。

6.5 东南亚地区

“一带一路”倡议涵盖多个东南亚基础设施项目，其中一个重要项目为孟中印缅经济走廊（BCIM）。该经济走廊旨在连接云南昆明和印度加尔各答，其中包括缅甸的皎漂经济特区（KSEZ），该地设有深海港口和高速铁路。连接云南和孟加拉湾的输油管道对中国的能源安全至关重要。该管道从昆明延伸至缅甸的皎漂港，计划配套铁路和公路。中缅管道于2015年1月建成，连接孟加拉湾的皎漂深水港和昆明。此外，中国还在开发孟加拉国吉大港和缅甸实兑港。中国还在东南亚地区投资各种社会发展项目，包括学校。

“一带一路”倡议还包括中国公路和铁路网的延伸，尤其是在中国农村地区建设公路。政治稳定是“一带一路”建设成功的关键，而缅甸若开邦政局不稳、克什米尔地区和阿富汗局势动荡。克什米尔地区争端和若开邦暴力事件的卷土重来，是破坏“一带一路”倡议的一种情况。在“一带一路”沿线，部分项目常常受到政治不稳定因素的破坏和阻挠。

西伯利亚铁路网包括东、中、西三条独立的铁路线，起始于昆明，途经越南、柬埔寨、老挝和缅甸，最终于曼谷交会，然后经吉隆坡前往新加坡。该项目正逐步在柬埔寨、老挝、缅甸、泰国、马来西亚和新加坡展开，它将连接昆明和东南亚地区，为中国提供通往印度洋的通道。

2021 年，云南昆明至老挝万象的高铁全线通车运营，并将延伸至新加坡。中国已开始建设连接马来西亚东西海岸的全长 688 公里铁路，预计将于 2026 年建成。“21 世纪海上丝绸之路”作为“一带一路”倡议的一部分，为中国与东南亚地区提供通往非洲和欧洲的连接通道。缅甸北部与中国接壤，南部延伸至孟加拉湾，其重要的港口对成功建设“21 世纪海上丝绸之路”至关重要。

出于安全考虑，通过缅甸将天然气和石油运送至中国，这是避开马六甲海峡风险的另一种选择。计划中的昆明—吉大港公路将连接中国和孟加拉国，并有望进一步延伸至缅甸和印度，从而促进这些国家之间的贸易。然而，印度提出了另一种建设方案，即建设印度—缅甸—泰国项目，以连接印度的莫雷和泰国的梅索。相较于重复支出和盈利少的平行项目，更好的方法是让相关国家加入各种项目。然而，政治考量往往优先于经济上的考量。

大湄公河次区域（GMS）的大型交通基础设施项目如南北经济走廊（NSEC）、东西经济走廊（EWEC）和南部经济走廊（SEC）都已经完成，消除了互联互通的障碍，促进了贸易（Vu 2014）。中国即将在大湄公河次区域的电力领域建设“轴辐式”系统（Vu 2014）。大湄公河次区域的面积约为 230 万平方公里，人口约为

2.45亿。该地区包括柬埔寨、中国云南省、老挝、缅甸、泰国和越南，改善连通性将促进该地区的经济发展。

东盟成员国的基础设施建设水平存在差异。文莱、新加坡和马来西亚的基础设施建设最为发达，其次是印度尼西亚、菲律宾和泰国，而柬埔寨、老挝、缅甸和越南的基础设施建设较为落后。预计耗资约230亿美元的昆新铁路将途经老挝、泰国和马来西亚。中国—印度尼西亚半岛经济走廊项目计划通过铁路和港口基础设施，将东南亚地区6亿居民的生活与中国联系起来。该走廊还有望延伸至澳大利亚。中国对澳大利亚的经济很重要，如果中国不购买澳大利亚大量的原材料，澳大利亚的经济可能会急剧下滑。中国是澳大利亚最重要的贸易伙伴，因此澳大利亚拒绝加入“一带一路”倡议将对其发展不利。

中国和印度可以加强合作，例如在长达2800公里的孟中印缅经济走廊基础设施项目上展开合作，将促进双方的经济和贸易发展。孟中印缅经济走廊合作有望缩小孟加拉国和缅甸之间的资源差距，消除阻碍经济进一步发展的障碍。若要实现与印度洋地区的联系，必须经过缅甸，特别是要避开喜马拉雅山脉。缅甸拥有丰富的自然资源，对“一带一路”倡议至关重要。然而，该国政权的更迭对“一带一路”倡议的实施造成一定影响。对缅甸的制裁可能导致该国陷入贫困，从而阻碍可持续的经济发展。

6.6 南亚和中巴经济走廊

自2006年以来，中国在巴基斯坦的活动不断扩展，并与巴基斯坦签署了于 2007 年生效的自由贸易协定。通过瓜达尔港，中国成功进入阿拉伯海和印度洋。中国在巴基斯坦的投资涵盖了多个方面，包括建造发电厂、水电大坝、核反应堆，以及连接印度洋的卡拉奇与新疆的喀喇昆仑山口的公路等项目。此外，通过巴基斯坦的管道，液化天然气能够从中亚输送到巴基斯坦，原油也能够从中东输送到中国。这一陆路贸易路线使中国能够避开马六甲海峡，提高了能源供应的安全性。

中巴经济走廊项目包括总值约 460 亿美元的基础设施，预计将于 2030 年完工。中国的“一带一路”倡议对于改善基础设施落后和资金不足地区的条件具有重要意义。中巴经济走廊是巴基斯坦最重要的外国直接投资项目，涵盖了庞大的交通系统、经济特区和多个电力项目。该项目于 2016 年启动，由高速公路、铁路、管道和光缆组成，全长超过 3000 公里，连接了“一带一路”。

中巴经济走廊将卡沙、伊斯兰堡、瓜达尔港和卡拉奇港紧密相连。瓜达尔港位于巴基斯坦俾路支省，毗邻霍尔木兹海峡，是一个能够容纳 20 万吨油轮的深水港口（Anwar 2011）。该港距离伊朗边境仅 72 公里，由中国海外港口控股公司承建，项目还包括一个出口加工区、一个国际机场，以及公路和铁路的建设。中国和巴基斯坦两国正致力于升级喀喇昆仑公路（KKH），该公路为中亚内陆国家提供了最短的出海通道。据估计，俾路支省蕴藏着 8.2 千亿立方米的天然气和 60 亿桶石油资源。

巴基斯坦的瓜达尔港将通过公路与新疆喀什相连，为打通中巴经济走廊，喀喇昆仑公路的建设对于项目的实施具有重要意义。从喀什到中国东海岸的运输距离约为 3500 公里，而到瓜达尔的距离约为1500公里，因此喀什与瓜达尔之间的运输通道的畅通将节省大量资金。2010年，喀什成为经济特区，中巴投资公司（CPIC）是一家在中巴经济走廊内运作的民营房地产公司。瓜达尔港作为进入中巴经济走廊的门户，与新疆喀什之间通过公路紧密相连。瓜达尔距离迪拜约480公里，有望成为南亚最大的港口。

新疆红其拉甫山口目前有四条独立的新道路正在建设，它们将与连接中国和巴基斯坦的八条道路连接起来。喀喇昆仑公路的建设将中国与阿拉伯海、南亚、中亚和西亚紧密相连。中巴经济走廊的建设是为了促进巴基斯坦基础设施发展，中国可以通过中巴经济走廊进入阿拉伯海和印度洋。此举将为巴基斯坦经济发展带来巨大优势，尤其是公路、铁路、管道和电力设施的建设，有望改善其电力供应状况，并推动对中国的进口和出口，尤其是能源产品，这对中国至关重要。中巴经济走廊有望部分替代马六甲海峡，考虑到未来马六甲海峡可能面临的风险，中国试图通过中巴经济走廊构建陆路通道，以规避走马六甲海峡，保障进入印度洋的通道。中国对维护海上航线极为重视，尤其是其绝大部分石油都依赖海运获取。目前，穿越伊朗、伊拉克和阿富汗的管道存在政治上的风险。中国也意识到南海的安全对于确保其供应线至关重要，因此力求确保“一带一路”倡议的连通性。同时，中国也希望利用南海潜在的丰富石油和天然气资源，将中巴经济走廊作为进出口的关键通道。预计中巴经济走廊的全面建成运作，将为中东石油流向中国提供一条替代线路。

中巴经济走廊的设立不仅有助于促进区域一体化，同时也有助于加强区域安全。通过中巴经济走廊，中亚内陆地区可以获得通往阿拉伯海的出口通道，进一步扩大出口机会。中巴经济走廊将中国与中东的距离从 13000 公里缩短至仅 2500 公里（Khan and Marwat 2016）。中巴经济走廊被形容为巴基斯坦“经济复苏的生命线”。中巴经济走廊或将促进中亚、南亚、中东和非洲之间的贸易，因为这些地区在供需方面具有高度互补性，缺乏适当的基础设施建设将防碍区域整合的实现。中巴经济走廊作为东西南北交会的重要枢纽，将连接资源丰富地区和资源匮乏地区，从而推动跨地区的贸易和投资。该走廊有望为欠发达地区打开新的供需市场，一旦适当的基础设施项目得以完善，还能搭建跨境生产链。

巴基斯坦位于中亚、南亚和中东的交会处。巴基斯坦的瓜达尔和乌兹别克斯坦的铁尔梅兹之间长达 650 公里的公路，将与阿富汗马扎里沙里夫和巴基斯坦的查曼通过坎大哈相连。中巴经济走廊穿越巴基斯坦的吉尔吉特-巴尔蒂斯坦地区，然而印度也声称该地区为其领土。印度并未反对亚洲基础设施投资银行为中巴经济走廊项目提供资金，然而即便反对，印度在该银行中也无一票否决权。总的来说，融入欧亚地区更符合印度的经济利益。

中巴合作的重要项目包括瓜达尔深水港和喀喇昆仑公路。瓜达尔距离伊朗 72 公里，距离阿曼 32 公里，巴基斯坦于 1958 年从阿曼购买了瓜达尔。瓜达尔提供了通往中亚地区和阿富汗等内陆国家的深水港口以及通向国际市场的通道（Anwar 2011）。中巴经济走廊的诸多项目将加强巴基斯坦的能源建设，同时减少其贸易逆差，这些项目有望改善巴基斯坦人的生活条件。

然而，印度试图利用伊朗的恰巴哈尔港作为对巴基斯坦的瓜达尔港的反制。印度意图通过伊朗恰巴哈尔港与中亚市场相连。印度与伊朗达成协议，计划在伊朗开发恰巴哈尔港。由于恰巴哈尔港距离瓜达尔仅港 72 公里，因此提供了另一个选择，印度将能够绕过巴基斯坦直接进入富含天然气的中亚地区，同时大幅增加与哈萨克斯坦、塔吉克斯坦、吉尔吉斯斯坦、土库曼斯坦和乌兹别克斯坦五个中亚国家的贸易。印度产品前往俄罗斯和欧洲的运费也将下降约 30%。

印度计划通过建设国际基础设施网络，与南亚和东南亚国家加强经济联系。然而，由于印度缺乏类似于"一带一路"倡议项目，难以与中国展开竞争。一个更具前景的方案是推动孟中印缅次区域合作，该计划有望在中国云南、缅甸、孟加拉国和印度之间建立紧密联系，从而使相关国家受益。由于政治竞争往往凌驾于经济合作之上，该项目被搁置。由于印度未提供真正的"一带一路"倡议替代方案，印度的邻国可能越来越多地参与共建"一带一路"，这将有助于其国内经济发展。如果印度放下政治竞争，加入"一带一路"倡议，将成为重要合作伙伴，增进与邻国的贸易。中国可能通过西藏曼萨罗瓦市与印度南部卡梅什瓦拉姆的铁路实现连接。目前，印度和日本反对"一带一路"倡议，两国将推动建设亚非增长走廊（AAGC），作为对中国"一带一路"倡议的制衡。

国际南北运输走廊（INSTC）长约 7200 公里，旨在连接印度、伊朗和俄罗斯，并可扩展至巴基斯坦、伊朗、俄罗斯和土耳其。尽管伊朗受到制裁，但该走廊有望帮助伊朗实现经济多元化，促进石油出口。同时，该路线可与"一带一路"相辅相成。

中国还参与了伊朗—巴基斯坦天然气管道建设。跨喜马拉雅山脉的国际公路的建设对该地区的经济发展很重要，特别是从西藏到不丹的木斯塘公路和洪拉公路，可延伸至孟加拉国。尼泊尔中部的拉瓦苏和努普里有更多道路需要升级。这些地区大部分人口独立生存，保持独特的文化传统（Scott 1999）。也许新建设的道路可以让大部分人开始接受国家管理，但目前落后的基础设施状况使这里的人保持着这种独立的生活方式。基础设施建设对于建立新市场至关重要，可以帮助该地区融入全球化。

青藏铁路预计会延伸至中尼边境，从而极大地促进双边贸易。目前，中国和尼泊尔之间尚未建立铁路连接，一旦新铁路建成，将显著增加中印之间的贸易往来。这一项目预计将延伸至加德满都。西藏蕴藏着约 1000 亿美元的矿产资源，这将大幅提高该铁路线的盈利潜力。为推动跨境贸易，中国和尼泊尔目前正合作开发跨境铁路。中尼跨境铁路主要是通过青藏铁路的延长线日吉铁路延伸到中尼边境的吉隆口岸。

土库曼斯坦—阿富汗—巴基斯坦—印度天然气管道工程将在很大程度上满足巴基斯坦和印度的能源需求。巴基斯坦陆地交通线的建设，将加强区域内及区域间的互联互通，促进贸易和能源交易的改善。巴基斯坦的三大重要海港为瓜达尔港、卡拉奇港和卡西姆港。中亚与南亚的经济互补性显著，例如中亚国家拥有过剩的电力资源，可以促进阿富汗和巴基斯坦等电力供应不足国家的经济发展。最终，连接阿拉木图、比什凯克、喀什、喀喇昆仑、伊斯兰堡和卡拉奇的公路网络，即穿越喀喇昆仑山脉的阿拉木图—卡拉奇公路的线路一旦建成，将极大促进共建国家的经济发展。瓜达尔港设施已经竣工，预计将使巴基斯坦的海上贸易翻倍，并提升阿富汗的出口贸易额。

新丝绸之路倡议有助于加强中亚与南亚、中国与远东地区之间的交流与合作。各种交通走廊的发展将促成中亚新的贸易流通及经济多元化。巴基斯坦及印度北部能源短缺，而在不远处的土库曼斯坦、乌兹别克斯坦及阿富汗北部，天然气储备约为6147.8亿立方米（Anwar 2011）。中亚能源资源对于巴基斯坦的经济至关重要。印度应做好准备就近获取这类能源，避免从更遥远的地区获取能源而花费更高成本。

可以考虑建两条独立管道来满足各国的能源需求，即土库曼斯坦—阿富汗—巴基斯坦—印度（TAPI）管道和铁尔梅兹—喀布尔—白沙瓦—印度河河口（TKPI）管道。有关国家已达成协议就TAPI展开合作，如果项目成功，可增进印巴相互依赖程度，从而改善双方关系。天然气消费的增加，也将减少煤炭燃烧带来的温室气体排放。全球能源消耗量预计在2002年至2025年间增加57%（Anwar 2011），尤其是中国和印度这样的新兴经济体。萨赫德瓦（Sachdeva 2011）预测，未来25年，印度要降低贫困水平，每年至少需要以8%的速度增长，故基础设施和能源领域的增长必须提升3至6倍。

6.7 中东

海湾地区在"一带一路"倡议中扮演着至关重要的角色。通过多国互动，可以带来多种潜在的合作机会。海湾阿拉伯国家合作委员会成员国（巴林、科威特、阿曼、卡塔尔、沙特阿拉伯和阿联酋）预计将从与中国的贸易中获益。中国是全球最大的石油进口国，也是第二大液化天然气进口国。未来，预计可能会出现一条从伊朗经过叙利亚至土耳其的管道。在这种情况下，石油交易可能不再受制于沙特阿拉伯和阿联酋的混乱局势，伊朗可能成为向欧洲供应天然气的国家。这条管道将能源从中东和非洲输送至中国，避开马六甲海峡，从中国角度看更加安全。

全球大约 20%的石油贸易经过霍尔木兹海峡，占全球海运石油总量的 35%，其中约 85%出口至亚洲市场。中国是全球最大的能源消费国，主要从中东进口石油。中国市场的发展需要能源安全做保障以维持较高的经济增长速度。基础设施发展将进一步增强能源安全。从伊朗至中国的管道建设有望将能源供应的安全风险降至最低。此外，为尽量减少供应风险，能源供应应该多样化。出于经济利益考虑，中国的石油企业目前已广泛进入多个国际市场。中国已成为伊拉克原油的主要进口国，中国购买了伊拉克半数以上的石油产量。中国还积极参与了伊拉克基础设施的重建，并对伊拉克经济进行了投资。

6.8 非洲大陆

蒙内标准轨距铁路是中国主导的肯尼亚重要基础设施项目，也是肯尼亚“2030 愿景”发展计划的重要组成部分。这条新铁路正推动东非地区的区域一体化，也是“一带一路”倡议下的重要项目。另一条走廊将连接吉布提、肯尼亚、坦桑尼亚和莫桑比克，通往东地中海的红海，以及东南欧和中欧。这一新丝绸之路将把欧洲、地中海和非洲市场与中国连接起来，促进了跨文明的合作，有助于国家的发展、繁荣和经济一体化。

中国对非洲的外商直接投资通过技术转让、出口促进等方式进行，推动了经济发展，同时也促进了国内投资。非洲已成为经济增长较快的地区之一。然而，由于分裂为多个主权国家，非洲作为整体在政策上缺乏一致性，而中国则秉持着连贯的政策。更加统一的非洲在贸易谈判中可能带来一些优势。

中国正在修建一条横贯非洲大陆的达喀尔—恩贾梅纳公路，将红海的苏丹港与乍得的首都恩贾梅纳连接起来。此举旨在通过连接尼日利亚和欧亚大陆的两岸走廊，促进区域经济增长。肯尼亚的拉穆深水港预计将通过铁路、公路和管道连接埃塞俄比亚和南苏丹内陆，再连接喀麦隆的杜阿拉港口。

哈比亚雷木叶（Habiyaremye 2013）指出，基础设施建设与出口多元化、经济增长成正比。"安哥拉模式"① 国家的基础设施需求较大，中国的投资增加以及这些国家间的贸易增长，提升了非洲对西方国家的议价能力。

经济多样化推动出口多样化，进而促进更多的经济增长（Al-Marhubi 2000）。中国拥有高效的基础设施建设产能，而非洲国家需要基础设施，中国则需要丰富的资源。双方互补性强，贸易往来增多。约戈和韦尔迪耶-舒尚（Yogo and Verdier-Chouchane 2015）发现，在北非国家，基础设施的质量对提升竞争力起着更大的作用，而不仅仅是基础设施的数量。他们建议北非国家应注重维护现有基础设施，不要盲目建设新设施，以提高竞争力和促进经济增长。然

① "安哥拉模式"，是一种经济合作模式，主要特点是以资源抵押换取优惠贷款，而贷款用于基础设施建设。——译者注

而，私营投资可能不适用于“一带一路”共建国家的基础设施建设，因为私营投资通常旨在实现短期内的盈利。相比之下，“一带一路”倡议项目提供了增进成员国福祉的机会。

非洲大陆自由贸易区（AfCFTA）一旦建成，涵盖55个国家，约12亿人口，将增加规模经济，有助于提高附加值。2015年，44个国家在卢旺达达成了协议草案。未来，“一带一路”倡议将有助于在非洲各国之间建立必要的联系。一条跨越10个国家、连接塞内加尔达喀尔经恩贾梅纳至吉布提的跨非洲铁路，穿越内陆国家，最终抵达大西洋和印度洋。

6.9 拉丁美洲

由于发展经济的需求，“一带一路”倡议在欧亚大陆和非洲大陆的地理和经济扩张可能最终会将拉丁美洲纳入其范围。当然，我们无法判断经济增长会在所有地方同时发生（Kuznets 1955；Lucas 2000），因此可以预料，一些国家的经济会下降，而另一些国家的经济会增长。

当前，拉丁美洲大多数国家基础设施落后，这成为制约其经济增长和减少贫困的障碍。许多拉丁美洲国家缺乏兴建基础设施所需的资金，中国对拉丁美洲基础设施的投资可能会推动相关建设。

中国计划在墨西哥建设一条穿越特万特佩克地峡的跨洋走廊，该地峡仅隔着大西洋和太平洋200公里，有望成为“墨西哥丝绸之路”，为绕过巴拿马运河提供另一条路线。这一计划或许将替代目前搁置的尼加拉瓜运河建设。中方计划斥资500亿美元兴建尼加拉瓜运河，以连接太平洋和加勒比海，并为巴拿马运河提供备用通道。在全球范围内，西方国家未能提供足以匹敌中国的资金投入，因此随着时间推移，国际关系势必向有利于中国的方向发展。

预计拉丁美洲还将投入两个重要项目建设。中国将建造连接巴西和秘鲁港口的长达300公里的两洋铁路，并有望获得新开发银行的资助。两洋铁路将成为巴拿马运河的替代方案，分别连接阿根廷大西洋沿岸和智利太平洋沿岸。此外，横跨太平洋航线将中国香港、厦门、青岛和上海的港口与秘鲁卡亚俄港、哥伦比亚布埃纳文图拉港、厄瓜多尔瓜亚基尔港以及智利的一些港口相连。

巴西将受益于更多基础设施投资，特别是来自中国的投资，因为中国在促进不同地区之间互联互通并推动经济增长方面具备独特专长。全球贸易一体化的好处很大程度上取决于相关国家的具体情况。

6.10 结论

“一带一路”倡议致力于拓展中国面向南亚、东南亚、中东、地中海、东非和南美地区的贸易通道，以支持中国的经济增长与发展，也促进共建国家的经济增长。“一带一路”倡议项目的实施，开创了全球范围内的新机遇，不再受限于古丝绸之路的地理范围，如今已从北极圈的格陵兰岛延伸至亚南极的阿根廷火地岛。本章详细介绍了中蒙俄、中国—中亚—西亚、亚欧大陆桥、孟中印缅、中巴经济走廊、中国—中南半岛六大经济走廊。

“一带一路”倡议是地缘经济和地缘政治的重大项目，全球国际关系将因此发生深刻变革。全球政治环境可能会重塑，一些国家将提高其经济和政治影响力，而另一些国家则逐渐失去优势，这将导致全球治理结构的调整。“一带一路”倡议旨在促成各国共商合作，最终使丝绸之路发展成为一个商品和服务自由流动、人员自由流动的区域，实现共同繁荣与命运共同体，这需要进行陆地、海洋以及跨越山脉的基础设施建设。

许多“一带一路”共建国家间的贸易具有强烈的互补性，它们通过扩大贸易来优化市场机遇，实现共赢互利。中国是中亚地区最大的天然气进口国，也是该地区最大的商品出口国。但并非所有项目都关注中国的能源安全，例如，阿塞拜疆的沙赫杰尼兹项目将中亚的天然气运送至格鲁吉亚和土耳其，再输送至希腊、阿尔巴尼亚、意大利和欧洲其他地区。对中国而言，能源供应安全至关重要，石油进口的安全同样重要。如今，石油需求增长的重心已转向东方，中国和印度对石油需求不断增长，预计至少持续至2040年，两国将成为沙特阿拉伯最大的石油进口国。

中国与世界的联系日益紧密。然而，中国各个省份融入全球经济的程度有所不同，沿海省份整体融入度最高。要想融入全球经济，必须提升基础设施水平以确保商品和原材料的高效流动。基础设施建设，不论是直接或间接作为“一带一路”倡议的一部分，都将有助于中国更深地融入全球经济，促进资源进口和成品出口，实现物流多样化（Oerstroem Moeller 2016, p. 4）。

中国的高铁系统为国家的发展作出了巨大的贡献。中国首条高速铁路——京津城际铁路于2008年投入运营，全长仅118公里。截至2017年，中国高铁运营里程已达2.5万公里，预计到2025年将长达 3.8 万公里。中国的高铁系统在速度和技术上已远超德国和日本原有的高铁系统。铁路的发展促进了沿线地区更广泛的经济增长，而非仅限于车站附近。尽管中国已拥有全球最大的高铁网络，但国内铁路连接仍在不断扩张。中国在基础设施建设方面的丰富经验可在全球范围内引导基础设施建设的开展。

地理环境对基础设施建设产生重要影响，基础设施的使用和特定地区的投资能提高劳动生产率。经济和社会机会之间存在相互关系：经济和社会机会与基础设施生产力之间存在相互关系。没有经济和社会机会，任何基础设施都无法产生生产力，但基础设施可以增加机会的可能性。产业政策可以加强区域互补性。中国拥有众多面向全球的出口加工设施，可以通过基础设施互联，将产品出口到“一带一路”共建国家。

从发展情况来看，“一带一路”倡议的部分项目可以为西方国家提供避免衰落的机会，包括美洲大陆的衰落。要使“一带一路”倡议在全球范围内成功实施，就必须尽量减少政治竞争。还有观点认为，朝鲜半岛的和平稳定将为整个东亚四国带来巨大的经济利益，将大大促进与“一带一路”沿线其他国家和地区的贸易，因此朝韩合作对于东北亚及其他地区的繁荣至关重要，这也是构建命运共同体的一个努力方向。

参考文献

Al-Marhubi, F. (2000). Export Diversification and Growth: An Empirical Investigation. Applied Economics Letters, 7(9), 559-562.

Amineh, M. P., & Crijns-Graus, W. H. J. (2014). Rethinking EU Energy Security

Considering Past Trends and Future Prospects. Perspectives on Global Development and Technology, 13(5-6), 757-825.

Anwar, Z. (2011). Development of Infrastructure Linkages between Pakistan and Central Asia.South Asian Studies, 26(1), 103-115.

Gouvea, R. (2013). Core Issues Facing Brazil's Quest Towards Sustainable Growth. Asian Journal of Latin American Studies, 26(4), 39-65.

Habiyaremye, A.(2013). 'Angola-mode' Trade Deals and the Awakening of African Lion Economies. African Development Review, 25(4), 636-647.

Kaminskii, V. D., Suprunenko, O. I., & Suslova, V. V. (2011). The Continental Shelf of the Russian Arctic region: The State of the Art in the Study and Exploration of Oil and Gas Resources. Russian Geology and Geophysics, 52(8), 760-767.

Khan, S. A., & Marwat, Z. A. (2016). CPEC: Role in Regional Integration and Peace. South Asian Studies, 31(2), 103-112.

Kuznets, S.(1955). Economic Growthand Income Inequality.American Economic Review, 45(1), 1-28.

Lucas, R. E. (2000). Some Macroeconomics for the 21st Century. Journal of Economic Perspectives, 14(1), 159-168.

Ma, A. C., & van Assche, A. (2016). Spatial Linkages and Export Processing Location in China. The World Economy, 39(3), 316-338.

Mackinder, H. J. (1904). The Geographical Pivot of History.The Geographical Journal, 23, 421-437.

Oerstroem Moeller, J. (2016). PolicyBrief: ImbalancesWill Continue to Rule Over the Global Economy.The Singapore Economic Review, 61(5), 1-9.

Sachdeva, G. (2011). India. http://www.silkroadstudies.org/new/docs/publications/1004joshi-VII-Linkages.pdf.

Scott, J. C. (1999).Seeing Like A State: How Certain Schemes to Improve the Human Condition Have Failed. New Haven: Yale University Press.

Snyder, E. (2016, June).Regional Report: Russia. World Oil, pp. 68-73.

Vu, T.-M. (2014). Between System Maker and Privileges Takers: The Role of China in the Greater Mekong Sub-region.Revista Brasileira de Politica Internacional, 57(Special Edition), 157-173.

World Bank. (2014). In C. Rastogi& Arvis, J.-F. (Eds.), The Eurasian Connection—Supply-Chain Efficiency Along the Modern Silk Route Through Central Asia. Washington, DC: World Bank.

Yogo, U. T., & Verdier-Chouchane, A. (2015). Enhancing North Africa' s Infrastructure for Improved Competitiveness. African Development Review, 27(3), 274-287.

第 7 章　国际组织和“一带一路”倡议

7.1 引言

促进可持续的经济增长需要建设基础设施，以推动经济增长和创造就业机会。“一带一路”倡议的成功实施在很大程度上取决于其与各个国际组织的关系。因此，本章讨论各种国际组织与“一带一路”倡议成功实施的关系。像亚投行、国际货币基金组织、世界贸易组织、中国国家开发银行基金、金砖国家新开发银行和丝路基金等，这类国际机构相互联系，提供资金，对“一带一路”的成功实施产生了影响。它们有各自不同的目的，有各自的意图。

本章深入分析了与“一带一路”倡议相关的各种国际组织与中国经济各个方面的关系，讨论的议题有贸易、全球投资和国际金融等。新兴大国需要建立与现有国际机构相平行的机构，作为其崛起可选择的途径。派瑞达斯认为，“中国正在利用平行机构作为一种战略工具，以加强其对全球经济治理的参与”（Paradise 2016）。这里将讨论各种新兴金融机构，特别是亚洲基础设施投资银行。

本章首先分析了亚洲基础设施投资银行的结构、运作和职能，然后详细研究了作为欧亚经济关系一部分的上海合作组织。接下来对国际货币基金组织和世界银行这两个长期存在的国际机构进行了分析，认为这两个机构为保持其相关性，在不断变化的经济环境中必须进行内部改革。紧接着对世界贸易组织进行了分析。后续部分是对金砖国家（巴西、俄罗斯、印度、中国和南非）日益增长的重要性的分析，尽管金砖国家中有一两个成员目前还没有作出应有的贡献。

亚洲基础设施投资银行的成立旨在满足新基础设施的融资需求，以推动经济增长，这是传统的金融机构如国际货币基金组织或世界银行所无法充分满足的。亚投行的宗旨是为大规模基础设施建设提供资金，以促进经济可持续发展，从而支持“一带一路”倡议。其主要目的是通过建立基础设施和其他生产性投资来推动经济发展和促进互联互通。有人认为，金融深化可以推动经济增长；然而，这并不意味着金融市场必须完全放松监管。

上海合作组织的成立标志着全球经济正向多极化世界秩序转变。虽然上海合作组织的建立最初是出于安全考虑，但现在已超越这一范畴，并有望成为一个强大的经济集团，尤其是它与欧亚大陆及其他“一带一路”沿线国家联系密切。上海合作组织已成为单极世界秩序的有效制衡力量，单极世界向多极世界新秩序的转变趋势已日益显现。

下一节将讨论国际金融机构，重点讨论中国的加入以及相关政策对发展中国家，尤其是中国、巴西和印度的影响。随着全球经济格局转向多极世界秩序，要求国际金融机构调整结构以适应这一变化，因为它们以前是在单极世界秩序中建立起来的。国际经济关系发生了很大变化，但单极世界秩序主导全球经济情况下建立的国际金融机构的结构调整和政策改变很慢，以致许多结构和政策已经过时。例如，份额应当反映国家的经济规模，然而由于美国是唯一拥有有效否决权的国家，目前配额制度的改革难以获得通过。本章还分析了世界贸易组织的职能和运作规则。

金砖国家需要解决南北经济发展不平衡问题，促进多极世界的建立。金砖国家有望最终发展为“金砖+”模式。金砖国家设定了一些可行性目标，但目前金砖国家的全面合作协调还需要时日。印度的种姓制度是其经济改革的阻碍，需要实行更大程度的改革，目前来看难以实现，因此印度难以为金砖国家作出应有的贡献。若印度继续在俄罗斯、中国和美国之间摇摆，将无法促进国际稳定，甚至可能对上海合作组织产生不利影响。只有在金砖国家内部消除分歧，金砖国家新开发银行才能充分发挥作用。目前，唯有中国和俄罗斯是金砖国家中有效的成员，因此它们正逐渐演变为“CR”（中国和俄罗斯的简称）。

最后，本章将分析巴西、俄罗斯、印度、中国和南非之间的关系。金砖国家或许能利用经济和政治策略，推动地区一体化，为布雷顿森林体系提供新的选择。

7.2 亚洲基础设施投资银行

2015 年，亚投行正式成立，启动资金达 500 亿美元，共有来自亚洲、欧洲、非洲、南美洲、澳大利亚和大洋洲的 57 个创始成员参与，并于 2016 年 1 月开始实际运营。亚投行的宗旨在于促进对基础设施的投资，从而进一步推动经济增长。中国香港作为一个地区，也加入了亚投行。随着成员不断增加，亚投行在全球经济乃至中国的影响力也在逐渐扩大，全球经济格局的重心正逐渐向东亚转移。

亚投行设立的初衷是优化中国外汇储备的运用，这是全球金融危机后，国际金融机构如世界银行、国际货币基金组织等改革步伐缓慢所致。尽管遭到美国反对，但澳大利亚和韩国于 2015 年仍以创始成员的身份加入亚投行。紧随其后，英国于 2015 年 3 月 13 日正式申请成为亚投行成员，而法国、德国、意大利和瑞士也很快跟进，沙特阿拉伯也紧接着提出了加入申请。加入亚投行已成为各国吸引投资以满足财政需求的策略。尽管日本曾在一段时间内犹豫不决，但最终有可能会加入亚投行。然而，美国政府一向敦促其他国家不要加入亚投行。亚投行的条款规定采购招标对所有国家开放；而与之截然不同的是，亚洲开发银行的合约招标仅限于其成员国。

亚洲开发银行目前为《孟加拉国、不丹、印度和尼泊尔机动车协议》（BBIN-MVA）的基础设施项目提供资金和技术支持。这些基础设施一旦建成，将会促进这些国家的贸易和旅游业的发展。由于日本和美国分别是亚洲开发银行的两个主要成员国，因此亚洲开发银行提供这些资金被视为对抗中国“一带一路”倡议的举措。成立于 1966 年的亚洲开发银行，在加权投票制度、治理结构、投资政策和条件等方面与世界银行相似（Wu 2017）。

亚洲基础设施投资银行的法定资本总额为 1000 亿美元，分为

100 万股，每股面值为 10 万美元。其中，20%为已缴股份，80%为应缴股份。认缴股本以 GDP（按照 60%）市场汇率法和 40%购买力平价法加权平均计算（占 40%）为基本依据进行分配。非区域成员在亚投行的股份被限制在三分之一以下。成员的投票权根据其出资额和经济规模确定，创始成员拥有 600 票创始成员投票权。中国的投票权占总票数的 26.1%，印度占 7.5%，俄罗斯占 5.9%，德国占 4.1%，韩国占 3.5%。亚投行就重大议题如成员资格、增资和机构结构等做出决定时，必须获得绝大多数成员同意，即至少占总投票权的四分之三，在这种情况下，中国实际上拥有否决权（Chin 2016）。亚投行在任命管理层时采取公开、透明、以能力为先的原则，其中包括亚投行行长必须由地区成员国国民担任（AIIB, Article 29 of the AIIB’s article of agreement）。

亚洲基础设施投资银行是一家多边开发银行，目前已投资了多个基础设施项目。亚投行的核心使命是促进经济可持续发展，通过在不同经济领域建设基础设施和投入其他生产性固定资产，来促进互联互通以及改善和创新。亚投行目前主要投资于铁路、港口、公路和发电等基础设施项目。其进一步的目标是促进区域合作，解决可持续发展面临的问题（Chin 2016）。印度计划从亚投行获得约 1000 亿美元投资，用于资助其大型煤炭项目。印度拥有全球最大的煤炭储备，计划通过这些项目为约 10 亿缺乏电力的人口提供电力。目前，印度的煤炭发电占其电力供应的三分之二。印尼希望借助亚投行的资金建设一个容量达 2000 兆瓦的煤炭发电项目，以增加其能源产量。

亚洲基础设施投资银行的设立源于人们认识到建设基础设施对

促进亚洲经济增长和发展的重要性，而这需要大量的长期融资，超出了传统贷款机构的能力范围。随着亚投行成员数量的增加，中国的影响力在全球范围内不断提升，世界的经济焦点正在向东亚转移。亚投行及其他新兴多边组织的成立可以赋予发展中国家和新兴经济体更大的发声权，从而促进更有效和公平的贷款（Chin 2016），因此亚投行对目前以西方为主导的金融机构构成了挑战。

作为“一带一路”倡议的重要组成部分，亚洲基础设施投资银行在建设阶段为多个项目提供融资支持，尤其是在中亚地区。相较于世界银行和国际货币基金组织，亚投行提供的贷款条件更为灵活。虽然一些项目并非属于“一带一路”范畴，例如印度古吉拉特邦的农村公路项目，但“一带一路”已然超越了古老的丝绸之路。值得注意的是，亚投行大部分的贷款是与亚洲开发银行和世界银行等合作进行的。

根据《亚洲基础设施投资银行协定》第一条的规定，亚投行的宗旨是通过促进基础设施建设、加强互联互通来促进经济可持续发展。由此可见，亚投行可能被看作是中国利用“摸着石头过河”模式来实现所有成员可持续发展目标的又一机会。

亚洲基础设施投资银行可以更加充分地满足“一带一路”倡议一部分成员国的具体需求，因为在其投资多个项目的过程中，亚投行并未像国际货币基金组织和世界银行那样对借款国提高过多条件，而是为各类基础设施发展提供丰富的资金，从而增加了“一带一路”倡议内部的联通。在中国的外交政策中，尊重其他国家的主权是一个重要原则，因此中国不会强加任何类似于国际货币基金组织或世界银行的条件。在亚投行的贷款过程中，借款国也不需要私有化或解除对国有企业的管制。

国际货币基金组织和世界贸易组织之间存在一个重大的区别，即国际货币基金组织没有最惠国标准的规定，也没有规定禁止成员国对其他国家的货币资产造成任何损害。考虑到一些由“一带一路”倡议构成的项目出于政治考虑可能难以获得国际货币基金组织等金融机构的批准，因此亚投行和新开发银行可以作为融资来源。为实现“一带一路”倡议设定的经济规模发展目标，需要通过大规模的基础设施投资来提供必要的资金，而不是像大多数新古典主义经济学家所主张的那样仅仅通过增加出口或国内消费来实现。

通过对外提供贷款，捐助国的政治影响力得以增强，因此提供贷款的各国之间在很大程度上存在竞争。例如，2014 年，巴基斯坦是美国贷款的第三大受益国、中国贷款第二大受益国。尽管一些国家可能难以偿还中国的贷款，但此类贷款通常以房地产、基础设施、企业等实物资产作为抵押。即使某些项目可能并非完全符合“一带一路”倡议的目标，亚投行仍可为这些项目提供贷款支持。亚投行提供的贷款主要用于基础设施建设，以增强互联互通，从而支持“一带一路”倡议。

基础设施建设和其他项目的融资必须评估其环境的可持续性。亚投行明确了其在环境问题上的立场，特别是在处理煤炭等能源项目时的环境保护方面，要至少符合世界银行或亚洲开发银行的标准。像亚投行这样的国际机构应由在其领域具有专业知识的专业人士管理，以确保按照业绩而非政治立场考核雇佣的团队。

亚洲基础设施投资银行和金砖国家牵头成立的新开发银行在一定程度上是“一带一路”倡议的组成部分。亚投行为建设阶段的项目提供资金，特别是在中亚欠发达地区，还为区域铁路网络建设提供资金。亚投行很可能会在各个领域与世界银行展开竞争。亚投行不仅为基础设施项目提供资金，还将资金援助范围扩大到教育、卫生和技术等其他领域，提供了世界银行以外的另一种选择。

有些贷款机构要求项目的货物与服务采购必须符合融资条件，而亚投行却没有这种限制条件。亚投行主要为"一带一路"倡议的各种基础设施项目融资，包括高速公路、管道、发电厂、机场、大坝和铁路等项目，以促进各国的互联互通。亚投行是这类多边项目的主要资金提供者。

亚洲基础设施投资银行对世界银行和国际货币基金组织构成挑战，尤其是在亚投行与国际货币基金组织、世界银行的议程不同的情况下。此外，亚投行与国际货币基金组织和世界银行的贷款方式也存在显著差异。由于国际货币基金组织和世界银行一直不愿适应全球经济向多极世界秩序转变的情况，替代机构的出现是可以预料的。新兴的亚投行应"打破传统智慧和布雷顿森林体系的常规做法，倡导共同进步的理念以促进国际发展"（Wu 2017）。

在众多大型的项目中，除了可能存在受益者之外，也可能存在失败者，尤其当这些项目在环境保护法规等方面管理不善的情况下。大多数项目都在能源和交通领域，因此必须遵守环保法规。亚投行提供的资金主要是为了支持"一带一路"倡议设定的目标。如果亚投行的投资能够促进亚洲贸易，这将有助于其为项目提供资金。亚投行的协定第一条中明确了自己的宗旨：通过"投资于基础设施和其他生产领域"来"促进亚洲的可持续经济发展、创造财富并改善基础设施连通性"（Asian Infrastructure Investment Bank

2015）。亚投行已经成为真正的全球金融机构。亚投行批准的多数项目针对亚洲发展中国家，例如孟加拉国的天然气项目和印尼的大坝项目，但是像阿曼这样的高收入国家也获批了两个项目。

7.3 上海合作组织

1996 年成立的“上海五国”由中国、俄罗斯、哈萨克斯坦、吉尔吉斯斯坦和塔吉克斯坦组成，致力于在政治和安全问题上展开合作，例如 1991 年苏联解体后涉及的边界争端和反恐怖主义问题。然而，其合作范围已扩展至区域经济领域的合作。2001 年，乌兹别克斯坦也加入其中，重新命名为“上海合作组织”（上合组织）。蒙古于 2004 年成为观察员国。上合组织的正式成员国、观察员国和对话伙伴约占全球人口的一半和世界陆地面积的四分之一，在全球范围内占有重要地位（Kembayev 2016）。2018 年，上合组织的成员国包括中国、印度、哈萨克斯坦、吉尔吉斯斯坦、巴基斯坦、俄罗斯、塔吉克斯坦和乌兹别克斯坦。印度、伊朗和巴基斯坦于 2005 年成为观察员国，印度和巴基斯坦于 2017 年成为正式成员国。阿富汗于 2012 年、白俄罗斯于 2015 年成为观察员国。2018 年，上合组织的 6 个对话伙伴分别为阿塞拜疆、亚美尼亚、柬埔寨、尼泊尔、斯里兰卡和土耳其。土耳其于 2012 年成为对话伙伴，目前正处于成为正式成员国的谈判阶段，因其政治联盟逐渐向欧亚大陆转移。预计土耳其和伊朗最终将成为上合组织的正式成员国①。

上合组织的治理基于协商一致的决策过程，对加强区域一体化

① 伊朗于 2023 年 7 月成为上合组织正式成员国。

以促进区域和谐至关重要。上合组织被视为基于对文化多元的认可和相互尊重差异的组织。然而，上合组织最重要的目标是对安全的共同关注，如能源畅通、反恐和军事安全。随着“一带一路”倡议的成功实施，这些安全问题将变得更加重要，因为有的国家可能视其为威胁，并可能试图破坏。从能源安全的角度看，伊朗很可能成为上合组织的正式成员国。上合组织已从以安全为导向的组织发展为以加强经济合作为首要目标的组织。中国已超越俄罗斯成为中亚各国重要的贸易伙伴，因此预计其在该地区的政治影响力也将增加。

全面加入上合组织在经济上是相当受益的。可预见的是，最终伊朗将作为正式成员国加入上合组织。2018 年，上合组织地域覆盖欧亚大陆五分之三以上，总人口超过 30 亿。上合组织已成为欧亚大陆的主要国家联盟。2018 年，上合组织有 8 个正式成员国、4 个观察员国和 6 个对话伙伴。上合组织旨在促进经济发展和军事合作。所有成员国都是欧亚经济伙伴关系的一部分，“一带一路”倡议将进一步加强这种联合力量。

上合组织有助于解决印巴之间的争端，这将为南亚带来巨大的经济利益。2017 年，印度和巴基斯坦正式加入上合组织。尽管印度与巴基斯坦之间存在敌意，但出于经济需要，两国最终可能会化解敌意。考虑到两国的经济利益，理性的思维不容忽视。印度将获取来自中亚地区的天然气和能源供应以满足其经济发展需求。而巴基斯坦对“一带一路”倡议的成功实施至关重要，这个倡议将连接中亚地区和阿拉伯海。长期的安全对庞大的基础设施建设至关重要，而很多国家局势仍不稳定。阿富汗可以促进中国、南亚和中东地区之间的互联互通。

上合组织是区域最大的组织，遍布欧亚大陆。上合组织和其他国际组织共同努力，推动并加强“一带一路”倡议项目的实施。全球权力关系向多极世界秩序的转变也将牵动印度外交政策的变革。上合组织为印度和巴基斯坦提供了提升其经济实力的机遇。伊朗是印度的第三大石油供应国，印度近期已开始以卢比购买伊朗石油，旨在避开对伊朗的制裁，最终预计将实现石油贸易的去美元化。中国、美国和印度分别是世界上第一、第二和第三大石油进口国。印度预计将逐步转向人民币结算石油贸易。

上合组织成员国在经济上具有很强的互补性。例如，中国是全球最大的制造业经济体、主要原材料进口国和主要石油进口国，俄罗斯和哈萨克斯坦则是石油和其他原材料的主要出口国。中国可协助扩展和升级中亚国家的基础设施，计划最终在上合组织成员国之间打造自由贸易区。俄罗斯和中亚国家虽然目前对中国提出的自由贸易区提议不够热情（Kembayev 2016），但是对中国提出的“将丝绸之路经济带与欧亚经济联盟连接”的提议却反响热烈。2015 年，它们还签署了支持该提议的联合声明，旨在推进“丝绸之路经济带”和欧亚经济联盟的合作，构建欧亚大陆的“共同经济空间”，包括欧亚经济联盟和中国之间的自由贸易区（Kembayev 2016）。俄罗斯力求在中国、印度和俄罗斯之间建立战略三角关系，伊朗和土耳其也在等待加入。若这些国家加入，将进一步推动欧亚大陆的一体化。在这种情况下，可能形成继中国、日本、韩国和俄罗斯东亚四边形之后的第二个亚洲四边形。这两个四边形的国家将在此地缘政治格局中受益颇多。

一些中亚国家同时是上合组织和欧亚经济联盟的成员，这进一步巩固了它们之间的经济和文化联系。中国和俄罗斯的上合组织成员国身份使该组织赢得了很高的国际知名度。布热津斯基（Brzezinski 1997）对亚洲和欧洲可能建立联系的预测引发了美国的忧虑。

上合组织等多边组织的建立扩大了地缘政治空间，进而扩大了其影响范围。上合组织可以被视为一个“大空间”（Grossraum）[①]，这是施米特（Schmitt 1976）提出的一个术语。“大空间”模型设想了更广泛的全球秩序多元化，旨在保护少数独立的主权实体，每个实体都有自己的领土空间，不受区域外干扰（Salter and Yin 2014）。“大空间”模型假设存在不同层次的地缘政治实体，各自具有不同程度的影响，因而不存在国家之间的平等，因为特定区域内的众多国家中一定会存在主导性大国。多极的国际秩序正在崭露头角，集中于一些权力中心。

“大空间”通过共同的目标或“共同繁荣”和“区域和谐”等政治概念来实现一体化。一个统一的“大空间”不受外部势力的干预。中国推动上合组织作为对美国主导的单极世界秩序的一种可行的制衡。上合组织作为一个整体，必须具有相当强的内部治理连贯性，以实施共同政策。上合组织正在逐渐融入“一带一路”庞大的投资建设项目。印度和巴基斯坦加入上合组织将进一步推动投资和经济增长。

中国和中亚地区之间的天然气管道于2014年建成，旨在加强

① “大空间”（Grossraum），德文为Großraum。“大空间”理论以“地球的秩序”概念为基础，它是施米特政治思想发展的逻辑结果。——译者注

中国的能源安全。随着各种项目的同步推进，“亚洲能源网”有望成为共享和分配能源的平台。进一步的经济、金融和能源协调政策的制定，创建了更广泛的“大空间”内部机构，以协调上合组织成员国之间的政策。与威斯特伐利亚的国际关系理念[①]类似，上合组织强调国家主权的重要性，其中包括维护各国之间的平等和不可侵犯原则（Salter and Yin 2014）。上合组织致力于地区多元化和多极化，反对任何大国主导的单边行动，主张成员国之间相互尊重，同时尊重各国之间的差异。尽管“大空间”模型通常暗示存在单一主导力量，但上合组织却由中国和俄罗斯这两个主要大国共同主导。这体现在《上海合作组织宪章》第 20 条，它规定中文和俄文为组织的两种官方语言（Salter and Yin 2014）。

上合组织成员国可能会继续扩大，并致力于解决经济和安全问题，这些问题不仅会影响成员国的国内经济，还会对其国际治理结构产生影响。一个成功的上合组织可能会激励其他类似组织的出现，或加大现有组织间和内部的合作力度，如非洲联盟。成员国之间在一个可行的“大空间”内展开的合作也助于防止外部势力干预其国内事务，推动国际治理走向多元化。

7.4 布雷顿森林机构：国际货币基金组织和世界银行

布雷顿森林机构是指 1945 年成立的国际货币基金组织和世界银行，旨在通过构建世界经济新秩序促进国际经济合作。国际复兴

① 威斯特伐利亚的国际关系理念，即《威斯特伐利亚和约》所确定的以平等、主权为基础的国际关系准则，该和约为十七世纪欧洲有关各方为结束战争而签订。——译者注

开发银行等五个发展机构，合称世界银行集团，也就是人们熟知的世界银行，其宗旨是促进国际贸易。国际货币基金组织的主要目的是确保汇率稳定并促进国际货币合作，其职能在协调货币政策方面发挥作用。2012 年，国际货币基金组织的职能扩大，“包括所有影响全球稳定的宏观经济和金融领域问题”（Wu 2017）。

全球经济和国际金融体系发生了巨大变革，与国际货币基金组织和世界银行创建的时代已经大不相同，以至于这些组织不能再以以前的方式服务于全球经济。其中一些国家在国际经济和金融组织中的影响被夸大，例如美国、英国和法国，因为其经济在不断衰退；而中国和印度的实力和影响力却被低估，与其经济规模不符。举例来说，增长较快的新兴经济体在世界银行和国际货币基金组织中的投票权完全不成比例，比如最大的新兴国家如中国和印度在国际清算银行（BIS）和金融稳定论坛（FSF）中却无代表权。

国际货币基金组织、世界银行的成员数量逐年增加，然而成员的表决权份额及其治理结构几乎未见改变。美国在国际货币基金组织和世界银行中的实际权力主要源于它的董事会架构，以及美国人担任世界银行行长的事实。尽管成员份额有过调整，但这种调整滞后于全球经济的快速变化，尤其是与新兴经济体相关的方面。

目前确定成员份额的公式为 GDP（50%）、成员经济开放程度（30%）、经济可变性（15%）和外汇储备量（5%）的加权平均。美国拥有 16%的表决权，被赋予了实际否决权，因为重大决策要求 85%多数表决权（Eichengreen and Woods 2015）。尽管份额每五年审议一次，但任何份额制度变革往往难以通过，因为美国能有效地阻止这种提议的实施，因此许多亟须的改革目前不可能实施。

国际组织应该响应各成员国的实际需求，而非只满足配额最多国家的需求（Kawai and Petri 2014）。鉴于美国是唯一一个拥有超过 15%份额的国家，故具有重大决策的否决权（Kawai and Petri 2014）。要推动国际货币基金组织和世界银行进行有效改革，必须使成员国的投票权与其在全球经济中的实际分量相匹配，以确保成员国的投票权更有利于发展中国家和新兴经济体发展。

2010 年，国际货币基金组织进行了份额体系改革，其中 6%的份额向新兴经济体和发展中国家转移。中国成为第三大股东，紧随其后的是德国，俄罗斯、印度和巴西跻身为国际货币基金组织的十大重要的股东之一。欧洲国家拥有大约三分之一的份额，因此当这些国家一致投票时，它们也可以行使否决权。然而，新兴国家和发展中国家的代表性还不够，因为它们的份额并未能反映出它们在全球经济中日益增长的重要性。值得指出的是，国际货币基金组织的总裁总是来自欧盟国家，而第一副总裁则总是由美国人担任。若国际货币基金组织不进行更加有效的改革，很可能会失去其现有地位，从而无法有效应对潜在的金融危机。2008 年全球的金融危机在很大程度上源于对金融部门监管不足（Shiller 2008）。

随着经济权力的转移，国际货币基金组织和世界银行的治理结构已经显得过时，使得其决策权的合法性受到质疑。越来越多的双边协议表明，新兴国家对国际贸易和金融组织的期望正在发生改变。国际金融改革将不可避免地促成发达国家和新兴国家更加公平地参与。国际贸易规则一般是由当时主要贸易国制定的，随着中国的贸易在全球范围内的迅速增长，中国最终将在国际贸易规则制定过程中拥有更大的发言权。因此，有必要重新调整国际货币基金组织的份额，以确保成员国的份额与其经济实力相符，同时需要重新平衡执行委员会的代表权。此外，国际货币基金组织和世界银行的总裁（行长）应该基于绩效而非国籍来确定。

由于国际货币基金组织和世界银行的配额制度建立在一个过时的经济体制之上，而各国的经济实力已经发生了很大的变化，这种制度无法满足新兴国家和发展中国家的要求。国际货币基金组织和世界银行的表决权不反映各国经济实力，决策过程很大程度上缺乏公正性。斯蒂格利茨（Stiglitz 2003）主张国际货币基金组织和世界银行实行民主化。他指出，国际货币基金组织推行的政策不但未能实现其宣称的促进经济增长和经济稳定的目标，而且实际上在很大程度上适得其反。

罗宾逊（Robinson 1979）指出，西方资本主义有效地阻止了第三世界国家通过世界银行和国际货币基金组织的运作来解决自己的经济问题，并建议低收入国家之间建立合作，尽管她对这种情况的发生并不抱太大希望，但她认为中国有可能是世界其他地区的向导。

国际金融机构与发展中国家的谈判以及谈判结果也是权力不平衡的体现。发展中国家通常需要在获得额外的财政资源和丧失部分国家权益之间进行权衡。弗里兰德（Vreeland 2003）认为，国际货币基金组织实施的调整计划对宏观经济稳定只有轻微的正面影响，特别是当它将收益从劳动力向资本重新分配并增加不平等分配的时候。人民越是贫穷，国际货币基金组织计划的不利影响可能就越大。

在 20 世纪 90 年代，国际货币基金组织对不同国家之间金融资本自由流动采取的政策是“一刀切”，以此解决了许多宏观经济问题。到 2012 年底，国际货币基金组织开始意识到“资本账户自由化应该有序实施，而且可能并不总是正确的政策”（Gallagher 2015）。国际货币基金组织现在已经接受，资本流动的监管对于防止可能的金融危机是必要的。国际货币基金组织现在也更有可能接受国家间资本流动监管的多样性，而不是推行“一刀切”的政策。国际货币基金组织的研究部门“开始阐明资本账户监管是纠正市场失灵的保护方式”（Gallagher 2015），认为资本账户监管可以改善市场功能，而不是把这样的规定看作是扭曲的。珍妮等人（Jeanne et al. 2012）研究了资本账户自由化对全球经济的影响，并倡导国内和国际金融监管之间的协调，以应对金融市场的繁荣与萧条。他们对多项经济研究进行了回归分析，发现资本流动自由化与经济增长之间没有实证的正相关关系。在 20 世纪八九十年代，国际货币基金组织实施了结构性改革以及各种紧缩计划，导致经济活动向私营部门转移，随后“导致大规模且经常突然的财政调整，导致基础设施建设情况恶化”（Gransow 2015）。

在 2008 年全球金融危机之前，国际货币基金组织一直遵循由“华盛顿共识”主导的刚性政策（Babb 2013；Ban and Blyth 2013）。国际货币基金组织、世界银行和亚洲开发银行等国际组织通过影响各国的经济决策来影响国际贸易。只要政策基于意识形态，就很难考虑到现实情况，因此，国际货币基金组织和世界银行经常做出不合适的决策。国际货币基金组织放松对资本的管制可视为“后华盛顿共识”（PWC）中所强调的“防范危机、加强监管和维护金融稳定”政策的延伸（Guven 2012）。

国际货币基金组织和世界银行充当了美国建立的全球金融体系治理监护人的角色，因此新兴经济体并未能参与决策过程；然而，金砖国家正在推动增加“席次和份额”，参与布雷顿森林体系的领导（Katada et al. 2017）。目前，美国和西欧大国在国际货币基金组织和世界银行的权力分配中占比过高。国际货币基金组织的份额分配旨在反映特定国家的 GDP 占比、其经济的开放程度、经济可变性和外汇储备，每五年进行一次审查。然而，这一审查过程偏重当前状况，导致“任何快速增长的成员国代表性不足，而欧洲国家的代表性则过高”（Ito 2012，p. 200）。

伊藤（Ito 2012）指出，在 1997 年至 1998 年亚洲货币危机期间，国际货币基金组织向印度尼西亚、韩国和泰国提供贷款时，附带了一系列条件。这些条件并没有减少危机发生或限制危机蔓延，因为“国际货币基金组织的政策处方过于紧缩和顺周期性”（Ito 2012），导致了严重的衰退。国际货币基金组织提倡“有利于企业的自由化政策，例如开放资本账户以及削弱工人议价能力和降低工资等不利于劳工的政策，特别是对就业产生负面影响的紧缩政策”（Vernengo and Ford 2014）。西方否认 2008 年全球金融危机是国际货币基金组织政策导致的，正如许多经济学家对西方经济大国正在衰落的事实予以否认。

世界银行的项目通常会增加发生危机的风险。当政府“一旦经济好转后仍处于国际货币基金组织或世界银行的项目之下”时，这种风险就会增加（Dreher and Gassebner 2012）。此外，在引发政府危机方面，关于贷款协议的条款比贷款规模更重要（Dreher and Gassebner 2012）。然而，只有签订这些协议的政府会面临危机，而从前政府那里继承此类协议的政府则不会。自然失业率的基本假设是，经济体系是自我调整的；然而，凯恩斯（Keynes 1967）认为应该抛弃自然失业率的概念。因此，中国的金融机构开放的项目贷款可能是一个不错的选择，因为它们几乎不附加任何条件，只是对贷款资金的用途进行网上实时跟踪。

有必要指出，当国际货币基金组织或世界银行对延期贷款开出的附加条件严重损害国家权益而导致政府无法承受时，该政府更有可能在选举前采取不合规的策略，或者当统治阶级不稳定时，政府更有可能接受附加条件。附加条件一般包括宏观经济稳定，即低预算赤字和低通胀、国有企业私有化、不干预市场定价体系以及开放与其他国家的贸易等。贫穷的国家需要支付更高的保障金才能从国际货币基金组织获得贷款，而在世界银行出现不良贷款的情况下，借款国的资金会用于支付世界银行的业务费。

世界银行和国际货币基金组织给出附加条件有两个主要原因：首先是发展实效原则，确保提供的援助真正有助于实现国家的发展目标；其次是受托原则，确保提供的援助被用于预定的目的。吴晓晖（Wu 2017）列举了四种不同类型的条件：第一种是受托条件，关乎贷款资金的财务管理；第二种是针对项目规划、分配、实施和评估的条件；第三种是经济和社会的政策条件，这些政策条件被国际货币基金组织和世界银行认为对确保项目可行至关重要；第四种是结果条件，旨在确保项目的目标结果可实际评估。然而，世界银行和国际货币基金组织的政策往往受到新自由主义的影响，导致它们倡导财政紧缩、贸易自由化和公共服务私有化，这可能会进一步恶化底层老百姓的经济状况。除非这两个组织调整贷款政策并适应不断变化的全球经济环境，否则它们与新兴经济体和发展中国家的关系可能会受到影响。

国际货币基金组织作为“最后贷款人”，通过利息和复利的债务网络使贷款的国家负债，导致其国内经济和金融状况恶化；这促使贷款的国家被迫实施各种财政紧缩计划，这对工薪阶层造成直接冲击，导致职位减少、医疗资源短缺以及对贫困人群的援助减少。国际货币基金组织成立时，设定了以美元为基准的固定货币制度，使美国以外的其他成员国失去了对本国货币政策的控制能力，不能有效控制其金融主权。

国际货币基金组织等国际组织将其权力用到成员国的国内事务时就会加剧成员国的主权问题，尤其当这种权力行使带有歧视性的时候。一些国家可能会在获取贷款的过程中牺牲某些方面的权益。国际组织在与主权国家的互动中表现出某种双重标准（Clegg 2016），主要原因在于国际组织的决策更多地受到成员国的影响，而有些成员国拥有较大的权力与影响力，导致实力较弱的国家在决策过程中处于不利地位。因此，国际组织应根据成员国影响决策过程的权力大小，赋予其相应的权利、义务和责任（Donnelly 2006）。

自 2008 年全球金融危机以来，各种新兴经济体不断推进其经济发展，给国际货币基金组织和世界银行带来了挑战。随着发达经济体失去竞争优势，它们倾向于采取保守主义政策。2008 年至 2009 年的经济衰退在一定程度上阻止了国际货币基金组织沦为无关紧要的机构，因为这促使其更多地关注不平等和贫困问题。国际货币基金组织也放弃了自由资本账户化政策，并在政策制定上显得不再那么传统（Moschella 2012；Gallagher 2011；Gabor 2012）。然而，除非国际货币基金组织做出更大的调整，否则它可能失去在国际金融领域的重要的地位。国际金融体系的发展速度赶不上全球贸易格局的变化，这在很大程度上导致了美国的巨额贸易逆差。此外，新兴经济体拥有不同的贸易模式，这些模式随着时间不断变化（McDonald et al. 2008），因此经济政策需要根据各国具体的经济和社会情况进行调整。

向多极经济体系的转变需要一个反映当前全球体系的多元国际货币体系。叶秀亮（Yip 2011）指出，中国必须维持一定程度的资本管制，以便运用货币政策对经济活动进行微调，从而抵消人民币升值的影响。中国的资本管制被用来减少汇率波动并促进外国直接投资。资本管制在防止类似 1997 年至 1998 年亚洲金融危机期间泰国、韩国和印度尼西亚发生的大规模资本外流方面起着关键作用（Xiao and Kimball 2006）。到 2006 年，人民币一直与美元挂钩，此后逐渐允许人民币汇率浮动，但人民币比其他主要浮动货币更为稳定。

加拉格尔（Gallagher 2011）讨论了资本管制作为确保稳定性的合法手段重新出现的现象。2008 年全球金融危机之后，新兴经济体和发展中国家纷纷引入资本管制，以推动更具独立性的货币政策。新兴经济体通过资本管制可以将自身与投机者的金融活动隔离开来，正如 1997 年至 1998 年亚洲金融危机所显示的那样。由于采取资本管制措施，金砖国家在 1997 年至 1998 年亚洲金融危机中受到的影响较小。加拉格尔主张国际协调，以促进全球资本流动的稳定性管理和经济增长。

2008 年，全球金融危机最终导致全球治理体系的变革；G20 不再将 G7 作为首要政策论坛，而 G20 的重要性日益增加，使得新兴经济体在决策中获得更大的话语权，反映了全球经济的变化。换句话说，新兴经济体和发展中国家在政策制定过程中将扮演更为重要的角色，这也将影响国际货币基金组织会员国的份额（Bènassy-Quere and Bereau 2011）。会员国的份额决定了投票权、特别提款权的分配以及获得基金组织融资的机会的大小。

世界银行和国际货币基金组织对于实施发展计划具有相当大的影响力。因此，在世界银行、国际货币基金组织和世界贸易组织等传统国际金融贸易机构的管控之下，“一带一路”倡议所涉及的项目并不容易实现。维布伦表示，“制度应该随着环境的变化而变化，因为制度自然会对这些不断变化的环境刺激做出反应”（Veblen 1953）。因此，中国开始建立新的国际金融机构，如亚洲基础设施投资银行、新开发银行和丝路基金。资金的作用很大，因此欧洲最终不大可能不加入“一带一路”倡议。欧洲的未来在于欧亚大陆。中国为现行的国际金融机构提供的投资和援助可能提供新的可替代选择，最终会导致多极国际秩序的建立（Nederveen-Pieterse 2011）。

7.5 世界贸易组织

世界贸易组织成立于 1995 年，是 1947 年制定的《关税与贸易总协定》的延续。《关税与贸易总协定》成员从 1947 年的 23 个创始成员扩大到 1994 年的 126 个；1995 年世贸组织接替《关税与贸易总协定》，成员数量进一步增加，至 2014 年达到 159 个成员（Wong Yu 2015）。经过为期 15 年的谈判，中国最终于 2001 年 12 月正式成为世贸组织成员。中国做出了比其他世贸组织成员更高标准的承诺。中国接受了许多世贸组织的附加条件，入世谈判使得经济因素政治化，中国被要求以发展中国家的身份加入，还被贴上了非市场经济国家的标签。在加入世贸组织后的 15 年时间里，中国的非市场经济地位使其时刻面临反倾销指控。

中国加入世贸组织必须遵守多项条件。中国需开放市场，服从《与贸易有关的知识产权协定》的裁决。为了加入世贸组织，中国同意开放金融市场，允许更多外国投资进入电子商务、旅游、娱乐等领域，降低各类制成品和农产品关税。1999 年，中国同意取消农产品出口补贴，大幅降低关税。许多工业品的关税也有所下调。世贸组织要求中国向西方公司开放农业市场，这些公司通过跨国公司全球供应链提供农药、化肥和专利种子。此外，中国修改了专利法、商标法和著作权法，通过了保护集成电路设计的法规。随着经济的增长，中国将能够自行设计，从而减少生产假冒产品的需求，知识产权执法有望得到改善。中国加入世贸组织后，知识产权权利人或许能更好地保护自身权益。

哈帕兹指出，“中国的一些规则承诺将其约束在比其他世贸组织成员更高的标准上”（Harpaz 2016）。在成为世贸组织成员方面，拥有自由市场的申请国没有太多困难；然而，自由市场也可能存在于由新自由主义经济理论主导的非民主国家。“世贸组织规则是为市场经济设计的”，故而“像中国和俄罗斯这样的转型国家……预计需要更长时间加入世贸组织”（Wong and Yu 2015）。此外，中国放弃了其他世贸组织成员享有的一些权利，例如在反倾销和反补贴调查中，中国出口产品在国外往往更有可能被征收反倾销税和反补贴税。

人们普遍认为，倾销是有害的，因此在反倾销调查中无须证明这一点。毕莹（Bi 2013）认为，现行的反倾销制度无法有效防止“不公平贸易”，主张逐步用竞争法取代反倾销法。除了掠夺性定价外，几乎没有经济理由制定反倾销法规。许多贸易壁垒表面上是为了环保、公共健康等合法原因设置的，实际上往往只是为了保护本国企业免受其他国家竞争损害的一种变相贸易限制。

中国面临的主要困难是“中国在反倾销调查中仍然可能被视为非市场经济体”（van Kerckhovenand Luyten 2014），因此世贸组织其他成员可能对中国国内价格发起反倾销调查，而不需要适当比较。世贸组织将其监管结构基本分为政府行动和私营公司行动。如果中国获得市场经济地位，反倾销制裁就会变得困难。但如果中国被认为是“非市场经济体”，价格将成为考量因素。

几乎没有证据表明加入世贸组织会促使成员在成为成员后变得更民主。但巴罗（Barro 1996）认为，自由和竞争的市场可能与更民主的政体关联。巴罗特别说明，建立自由市场、减少政府消费、提高人力资本和加强法治对经济增长有利；但当这些变量和实际人均国内生产总值的初始水平保持不变时，民主对经济增长的影响微弱。他认为产权和自由市场促进经济增长，但更多的政治权利并不能促进经济增长；相反，生活水平的提高先于政治自由的扩大。

黄嘉富和余淼杰认为，谈判加入世贸组织的时间差异具有统计和经济上的意义。他们的结论是，中国加入世贸组织耗时 15 年的原因是“中国的政治体制与大多数世贸组织成员不同，使得它们很难接受中国”（Wong and Yu 2015）。黄嘉富和余淼杰表明，相较于社会主义国家，资本主义国家加入世贸组织所需时间更短。《关税与贸易总协定》第十条要求世贸组织成员法律公开并统一适用。当“正式法律机构政治地位和权威水平低，法院独立处理案件和有效执行判决的能力低”时，实行法治可能面临困难（Wu 2011）。

所谓民主的观念占据主导地位，无关一个国家是否真正民主。一个真正民主的国家需要很多选举，不仅是四年一次的选举。选举通常受到多个团体的干预，而这些团体的财力决定了它们对政党或竞选活动的财政贡献情况。此外，当一个政党以 51%的得票率赢得选举时，其他 49%的政党实际上丧失了选举权。民选政客通常不觉得有义务履行他们在竞选活动中做出的承诺。有观点认为，“民主”一词正被用来宣传西方观念，以制造更多障碍，促使一些申请国做出更多让步，尤其是加入世贸组织时。

2001 年中国加入世贸组织给中国带来了经济上的好处，但当中国的贸易政策与世贸协议存在分歧时，必须与世贸协议一致，并可以参照世贸组织的《关于争端解决规则与程序的谅解》来解决争议。中国加入世贸组织后，中国获得了更广阔的出口市场，并放开了进口管制。中国要求被视为发展中国家，但遭到拒绝。因此，“中国被要求在加入过程中做出比发展中国家更大幅度的让步”（van Kerckhoven and Luyten 2014）。一些世贸组织成员仍然认为中国是非市场经济国家，因此更容易利用价格可比性来确定补贴和倾销等问题，并对中国发起反倾销调查（van Kerckhoven and Luyten 2014）。中国生产商必须证明他们是在市场条件下运营，国内价格才能被作为标准接受。

中国接受更苛刻条件的主要原因是渴望进入全球消费市场。自2001年加入世贸组织以来，中国在世贸组织中的角色发生了变化。初期，中国发起的争端较少，但自2006年以来，中国已成为世贸组织争端解决机制程序中第三活跃的参与者（Kennedy 2012）。随着中国成为一个强大的经济体，中国将通过塑造国际贸易规则来保证自身利益。

中国承担了比一般世贸组织成员更多的义务，获得比一般世贸组织成员更少的权利，这使得中国放弃了一些权利，从而使得其他世贸组织成员与之打交道时可能背离世界贸易组织规则。加入世贸组织，中国与贸易伙伴的相互依赖关系变得更加牢固，并接受了“与国际伙伴相互承诺的复杂制度”（Nathan and Scobell 2016）。这些变化“使得中国经济成为世界上最开放的经济之一”（Nathan and Scobell 2016）。一方面，美国和欧盟拒绝了中国提出的发展中国家地位要求；另一方面，与许多较发达国家相比，中国不得不接受更加严苛的条件。多年来，中国的国际贸易关系发生了变化，中国加入世贸组织的条件变得更加苛刻（Wu 2011）。

中国试图限制铝土矿、焦炭、萤石、镁、锰、碳化硅、金属硅、黄磷和锌等各种原材料的出口。美国、欧盟和墨西哥认为，这违反了《关贸总协定》和《中国加入世贸组织议定书》的规定。中国使用了《关贸总协定》第二十条（g）款，该款允许在涉及保护可耗尽自然资源的情况下采取这种做法，还使用了第二十条（b）款，该款允许采取这种措施来保护人类生命。然而，中国的论点被世贸组织司法机构驳回（Qin 2012）。世贸组织的裁决驳回了中国关于第二十条（g）或（b）款下的环境例外规则，因为中国本身并没有减少国内消费。实际上，中国已经同意将其原材料一视同仁地提供给国内外用户。

中国的论点是，根据《关贸总协定》第二十条（b）和（g）款，对焦炭、萤石、镁、锰和锌征收出口关税是合理的，因为这些原材料是可耗尽的自然资源，而且出口关税对于减少污染水平和保护人类健康至关重要。然而，这一论点被驳回，因为有人认为中国不能援引第二十条下的例外情况来为不符合《中国加入世贸组织议定书》的第十一条第三款辩护。

专家小组将第二十条（g）款规定的保护局限于环境，并认为中国的论点只是中国经济政策的一部分，而不是环境保护的一部分。因为它增加了这种原材料的国内消费，尽管为了保护环境应限制这种材料的出口。但是，各国有权实现可持续的经济发展，以便各国能够满足今世后代的需要，包括经济、环境和社会发展方面的需要。

在许多方面，国家之间的双边贸易安排已经开始取代世贸组织促进自由贸易的作用。即使美国的政策违反了世贸组织的原则，世贸组织也不太可能制裁美国。世贸组织经常被用来扩大一些国家相对于其他国家的竞争优势，或者试图阻止竞争对手的经济发展，例如美国坚持认为中国应放弃《中国制造 2025》的目标。然而，中国在这些问题上诉诸世贸组织的争端解决机制。

世贸组织的上诉机制目前允许美国否决其可能不喜欢的任何决定，从而破坏上诉机制的正当职能。上诉机制应该考虑全球贸易的利益，而不是任何特定国家的利益。随着世贸组织不再是国际贸易自由化的主要代理人，越来越多的国家正在缔结自己的双边和多边贸易协定。多边贸易平衡不是凭空发生的，而是国内储蓄短缺的结果；因此，要纠正多边贸易不平衡，就需要重建国内经济秩序。

世贸组织将自由贸易置于环境保护之上，并不关心气候变化问题。世贸组织在任何评估中的主要标准都是促进贸易自由，因此健康和环境问题的风险往往被忽视。法拉认为，在多个案例中，"世贸组织争端解决机构在保护公共卫生和贸易之间取得了平衡，同时在发生严重公共卫生问题时优先考虑前者"（Farah 2016）。走向全球化必须考虑国内问题，否则，诸如食物和水的权利、获得知识的权利、公共卫生、消费者利益、食品安全、环境保护和善政等重要问题可能被忽视，从而损害公共利益。

几乎 95%的世贸组织争端都与货物贸易有关，其余 5%则与服务贸易或知识产权保护有关（Horn et al. 2010）。世贸组织的大多数争端都与过度进行进口保护的指控有关。世贸组织的规则是在全球贸易状况与现在有很大不同的时期制定的，例如，离岸外包的兴起以及外国直接投资的增加，因此一些规则可能已经不再适用（Antras and Staiger 2012）。离岸外包的急剧增加也降低了世贸组织和类似机构的相关性。

关于布雷顿森林机构可能进行的改革的有关辩论主要是关于这些机构应该如何运作，而不是关于这些机构的实际职能和目标。在世界银行成立时，争论的中心是"它应该做什么，而不仅仅是它应该如何做"（Gavin and Rodrik 1995）。这一做法也适用于其他布雷顿森林机构。

巴西、印度和中国在世贸组织中密切合作，以提高它们与发达经济体的议价能力。目前，它们在世贸组织中的权力转移尤为明显。它们不只是把彼此视为单独的国家，更是看作统一战线，从而增强谈判的实力。

以前，发展中国家基本上被排除在主要国际组织的决策过程之外，其声音往往被边缘化。发达经济体要求中国开放经济，促使中国寻求与其他发展中国家建立更广泛的联盟，并将自己定位为发展中国家。未来大部分经济冲突预计将发生在南北之间，随着权力向南方转移，中国加入南方阵营符合其利益。中国也与其他新兴经济体合作参与“G20 贸易”（G20-T）和多哈回合谈判。G20-T 是一个由巴西和印度领导的发展中国家联盟，得到了中国的支持。2003 年 G20-T 的成立标志着世界贸易组织内部决策过程的重大变革。

多哈回合谈判始于 2001 年，由欧盟和美国发起，当时遭到了一些发展中国家的反对（Narlikar and Tussie 2004）。巴西、中国和印度加入是因为它们面临发达经济体的共同威胁。巴西希望推动农产品贸易自由化，而中国和印度则持反对态度，因为它们的农业人口众多，担心受到农产品进口的冲击（Hopewell 2017）。巴西和印度要求工业化国家减少农业补贴。

此外，中国对消除制成品贸易壁垒表现出浓厚兴趣，而巴西和印度则更关注保护本国制造商免受进口冲击。这三国都主张为发展中国家提供“差别待遇”，然而这一要求遭到了发达经济体的拒绝。正因如此，“新兴大国因共同的外部威胁而团结起来，这一威胁的强大程度已足以掩盖它们之间的分歧”（Hopewell 2017）。因此，巴西、中国和印度的结盟被视为一项重要的战略政策。世贸组织权力的转移表明，金砖国家确实是重要的战略伙伴，它们的政治影响力可能会增加而不是减弱。在世贸组织内部形成的战略联盟清晰地展现出南北之间更深层次的裂痕。这种战略联盟不仅在世贸组织内部表现出来，还在亚洲基础设施投资银行、新开发银行等国际金融机构里有所体现。

与国际货币基金组织和世界银行相比，世贸组织更加开放地对待变革，且已经将巴西、中国和印度纳入决策过程中。因为中国、印度和巴西在全球贸易中的份额巨大并不断增长，它们在全球贸易治理中的联系越来越紧密。中国逐渐适应并调整其大政方针，随着经济实力的增强，其政策也相应做出改变。中国正在逐步将政策从支持主流全球机构及其经济政策向更具改革性的方向转变，提倡类似于国内政策实践的试验性做法，以探索更多替代性选择。随着中国经济实力的增长，中国的发展政策也在发生变化。

7.6 金砖国家：巴西、俄罗斯、印度、中国和南非

金砖国家经济联盟成立于 2006 年，有望开创新兴经济体之间合作的全新范式。2018 年，金砖国家由五个成员组成，每个成员都是所在区域有影响力的一个大国。金砖国家在全球贸易中的出口份额从 1990 年的 3%增长至 2011 年的 19%（Srinivasan 2016）。

2018 年，金砖国家总人口占全球 40%以上，国内生产总值约占全球四分之一。它们持有全球约 43%的外汇储备，而这一比例仍在不断增加。南非于 2011 年加入金砖四国，成为金砖五国的一员。南非是撒哈拉以南非洲的经济领头羊，然而由于非洲大陆一体化进行得不够充分，其经济增长受到一定阻碍。“一带一路”倡议旨在促进非洲大陆的互联互通，将有助于推动经济一体化。金砖国家被

视为一种地缘经济设计，也是一种地缘政治设计。金砖国家不仅在全球范围内进行基础设施建设，还将引入国家之间的竞争与合作。

“一带一路”共建国家的经济发展水平和经济结构各有差异，需要进行协调整合。“一带一路”倡议推动的大型基础设施建设将有助于推进这一目标。目前，实现经济持续发展所需的许多基础设施尚未完善。南非和巴西都背负着沉重的美元债务，2018 年南非债务已超过其国内生产总值的 50%。金砖国家的经济伙伴关系有助于推动贸易、投资，以及必要的制造业和原材料的开采加工，这需要基础设施和金融的一体化作为基础。

亚投行、金砖国家新开发银行、中国进出口银行、丝路基金、国家开发银行等金融机构为大部分“一带一路”倡议项目提供资金，然而这些项目需要更多的资金支持。基础设施投资是一种长期投资，其回报可能不确定，但对促进可持续经济发展至关重要。

金砖国家可以利用政治和经济策略，通过加强金砖国家间的互联互通与合作来推动区域一体化。这种合作不仅延伸至欧亚国家，还已经扩展至其他地区，尤其是非洲和东南亚。然而，一些支持单极全球权力结构的国家可能对此采取负面态度，这些国家会试图阻止任何旨在建立多极全球关系的组织形成。

在金砖国家中，中国的经济增长率最高，成为全球化进程中的主要推动力量（Sala-i-Martin et al. 2011）。20 世纪 90 年代初，中国迅速从早期的低成本制造业出口商转变为 2000 年代末的高附加值产品出口商（Gouvea and Montoya 2013）。全球范围内的贸易和投资急剧增长改变了全球贸易格局，趋向于扩大南南贸易，这涉及中国、巴西、印度等新兴经济体之间未来的战略联盟，尤其是在许多新兴经济体的贸易关系相辅相成的情况下。在这种情形下，新兴经济体更多地转向与其他新兴经济体的贸易，而减少与衰落的西方经济体的贸易。2008 年的全球金融危机进一步提高了金砖国家在世界经济中的份额，并加速了经济实力向南方的转移。

中国与巴西之间日益增长的贸易关系是向南南贸易转变的一个明显范例。巴西作为中国的主要工业制造品出口国，在南南贸易中扮演着重要角色。随着南南贸易的蓬勃发展，"世界贸易和投资活动中以中国为核心的动态"（Wilkinson and Wesz Junior 2013）逐渐显现。自 2008 年全球金融危机以来，金砖国家的经济和政治实力均显著增强。研究表明，"金砖国家作为一个联合实体的力量似乎比其组成部分的总和更为强大"（Petropoulos 2013）。中国对大宗商品的需求持续增长，推动了原材料和农产品价格的上涨。在这种背景下，巴西的制造业产品出口减少，而中国对巴西的制成品出口大幅增加，涵盖了从廉价劳动力产品到高技术密集型产品，这一趋势与中国在巴西的高投资相辅相成。

巴西和中国都积极参与国际货币基金组织、二十国集团（G20）和世贸组织的活动。在 20 世纪 90 年代初，中国向巴西出口的主要是价格实惠的商品；而在 21 世纪初，中国开始增加对电脑、手机、电视、摩托车等更具附加值的产品的出口。从 21 世纪初开始，巴西和中国展开了相互投资项目和贸易，这一合作的蓬勃发展为双方带来了巨大机遇（Gouvea and Montoya 2013）。中国已成为巴西矿产、其他自然资源和初级产品出口的主要目的地。据统计，巴西和中国之间的双边贸易额从 2000 年的 23 亿美元增长到 2010 年的近 550 亿美元（Gouvea and Montoya 2013）；到 2010 年，中国已成为巴西最重要的贸易伙伴。具体而言，2010年，巴西对中国的出口中初级产品占比为88%，制成品占比为4%，半制成品占比为8%，而中国对巴西的出口中，则以制成品占比最高，达96%，初级产品占比为4%（Gouvea and Montoya 2013）。

巴西经济对技术和创新的重视程度较低，因此知识密集型产品在巴西出口中并不重要。中国已成为巴西的主要竞争对手，因为中国加大了对南方共同市场国家的出口，而巴西对这些国家的出口则出现下降。巴西由于基础设施建设落后、相对较低的教育水平和研发投入，导致其在国际市场上缺乏竞争力（World Bank 2011）。南方共同市场成立于1991年，由阿根廷、巴西、巴拉圭、乌拉圭和委内瑞拉组成。玻利维亚、智利、哥伦比亚、厄瓜多尔和秘鲁为南方共同市场的准成员。该组织旨在实现自由贸易，更像是一个关税同盟和贸易集团，并非一个真正的共同市场。

预计金砖四国内部贸易将大幅增长，包括印度尼西亚而不是俄罗斯在内的BIIC（通常指代巴西、印度尼西亚、印度、中国这4个国家的组合）内部贸易也将大幅增长。金砖国家反对保护主义，主张促进新兴国家和发展中国家经济发展的多边贸易体制。与其他国际组织相比，金砖国家具有许多互补性。金砖国家将加强与非洲联盟、南方共同市场、上海合作组织和欧洲联盟的合作，并最终可能向“金砖+”和“金砖++”方向发展。

“一带一路”倡议具有将亚洲大陆、中东、东亚、东南亚、南亚、中亚等次区域连接起来的潜力。国际关系不断演变，国际联盟也在根据各自的经济利益和自身利益发展趋势而改变。巴基斯坦与阿富汗、印度和尼泊尔接壤，因此对“一带一路”倡议的实施至关重要。巴基斯坦是南亚首个与中国签署自由贸易协定的国家。最终，金砖国家有可能会与欧亚经济联盟接轨，因为欧亚经济联盟的许多成员国也是上海合作组织的成员国。中国正在推动多个项目，以建立多个“金砖+”合作框架。

中国主导的“一带一路”倡议的一个重要目标是与俄罗斯主导的欧亚经济联盟进行融合。该倡议与以俄罗斯为首的欧亚关税同盟和欧亚经济共同体的项目齐头并进。通过“一带一路”倡议，物理基础设施和通信基础设施将为互联互通提供支持。上海合作组织、欧亚经济联盟等不同机构之间将形成协同效应。上海合作组织和金砖国家试图通过发展来促进经济增长，但其必须是可持续的。预计伊朗最终将加入上海合作组织，埃及和土耳其也可能紧随其后。

为了实现成功，金砖国家需要采取协调一致的经济发展策略，它们目前在这方面存在差距。金砖国家在 2018 年会议上宣布，它们将协调宏观经济政策，以应对保护主义，同时遵守世贸组织的国际贸易规则。金砖国家成立的目的是解决南北发展的不平衡问题，创建一个多极世界，并推动建立一个覆盖整个金砖国家的关税同盟。如果管理得当，金砖国家很可能成为全球再平衡的一部分，预计其他国家也将加入金砖国家。在 2017 年中国厦门举行的金砖国家领导人第九次会晤期间，非金砖国家首次参与了会议。埃及、墨西哥、泰国、几内亚和塔吉克斯坦受邀出席，有望最终成为金砖国家的成员。

金砖国家可视为一个俱乐部，通过集体行动促进共同利益。尽管俱乐部成员可追求各自的利益，但作为一个整体，它们有能力推动共同利益的实现。例如，它们共同努力挑战和改革国际货币基金组织和世界银行等现有国际金融机构，并建立新的机构，如新开发银行（Katada et al. 2017）。新开发银行于 2015 年开始运营，初始资本为 1000 亿美元。如果金砖国家作为一个俱乐部运作更有成效，它们最终会集体挑战美元在全球货币体系中的主导地位。

金砖国家各自在其地理区域内占据主导地位：巴西是南美洲综合实力最强大的国家，南非在南部非洲地区具有经济影响力，中国作为经济大国在东亚具有非常大的影响力，印度在南亚具有很大的影响力，俄罗斯对前苏联国家有相当大的影响力。因此，金砖国家有足够理由在全球范围内争取其政治地位。中国正在推动多个项目，以建立多个“金砖+”合作框架。此外，金砖国家正利用本国货币为开发项目融资以及支持金砖国家之间的双边贸易。

中国和俄罗斯正在推动设立金砖国家能源俱乐部，作为美国主导的实行有利于国际石油公司的能源规则的替代机制。高舒琦（Gao 2017）指出，权力已经从国际石油公司转移到中国、俄罗斯等新兴经济体的国家石油公司。相较于桑普（Sampson 1975）所描述的“七姐妹”跨国石油公司①对世界经济和国际关系产生深远影响的时代，这确实是一个重大的变化，也反映了经济实力正从全球北方向全球南方转移。

根据国际货币基金组织的数据，以名义 GDP 计算，巴西是全球第九大经济体；以购买力平价 GDP 计算，巴西排名第八。2003 年至 2011 年期间，巴西推出了一些社会项目，如“家庭计划”和“零饥饿”计划。巴西延续了先前的“家庭计划”，并推出了新的

① “七姐妹”跨国石油公司，指当初洛克菲勒的标准石油公司解散后在石油方面的三家大公司和另外四家有国际影响力的大石油公司。——译者注

家庭津贴计划，提高了最低工资标准，使超过2000万人摆脱贫困。

中国、巴西和印度的中产阶级不断壮大，导致消费需求发生转变，但基尼系数上升，收入分配变得更不均等。中产阶级的壮大也带动了服务业的增长。巴西的出口高度集中，例如，2010年，巴西出口的43%是铁矿石、大豆、石油、糖和肉类产品（Gouvea 2013）。2011年，巴西是全球第三大食品出口国。巴西要实现大宗商品出口需改善基础设施。巴西的港口设施不足阻碍了其产品的出口，各类新深水港建设项目正在进行中。中国计划在巴西和秘鲁之间建设长达300公里的两洋铁路。

2010年，巴西对中国出口的88%是初级产品，制成品占4%。与此相反，中国对巴西的出口中，96%是制成品，仅有4%是初级产品（Gouvea and Montoya 2013）。从巴西制成品进口大幅增加而制成品出口下降的情况来看，巴西的经济在相当程度上正处于去工业化的状态。因此，经济多样化对于促进巴西经济的可持续增长至关重要。然而，要实现经济的持续增长，首先需要充足的人力资本，而巴西在这方面储备不足，成为劳动力市场的发展瓶颈之一。巴西的生产力水平低下，主要是由于其人力资本和技能水平较低，以及在基础设施、教育和研发方面的投入不足。相较于其他金砖国家，巴西的研发投入明显偏低。例如，在2000年至2008年期间，巴西的年研发投入增长率仅为0.9%，而同期中国和韩国分别达到5.2%和7.4%（Gouvea 2013）。

2015年，中国-拉共体论坛部长级会议宣布，中国和拉美将共同努力促进更加公平的多极全球秩序，这将大幅提升中国和拉美的贸易额。此次会议还宣布双边贸易将更多地采用货币互换，并增加本币结算。中国对发达经济体出口的高度依赖也导致了经济不安全和贸易争端的增加，因此中国对培育新的南南合作关系极感兴趣。

学习西班牙语和葡萄牙语的中国学生大量增加表明中国有意加强与拉丁美洲国家合作，并扩大其影响力。2018 年 1 月，拉美和加勒比国家共同体（CELAC）的 33 个成员国受邀加入“一带一路”倡议。拉美和加勒比国家共同体是为实现本地区可持续发展而设立的。巴拿马、安提瓜和巴布达、玻利维亚、特立尼达和多巴哥、多米尼加共和国、圭亚那以及苏里南相继加入“一带一路”倡议。委内瑞拉接受人民币作为其石油出口的结算方式。

7.7 结论

随着全球贸易的变化，必然会催生新的国际金融机构，例如亚洲基础设施投资银行，以支持东亚、南亚、东南亚、欧亚、中东和南美等地的发展项目。世界贸易组织和国际货币基金组织等国际贸易与金融机构需要不断做出调整以适应贸易与经济发展的新格局。本章强调，如果缺乏国家在发展规模、方向和金融方面的干预，“一带一路”倡议项目难以取得成功。

中国经济当前侧重于供给侧市场化改革，追求高质量增长而非单纯数量增长，即不仅关注国内生产总值增长，也注重全面提升社会福祉，促进区域间更均衡的经济增长，这对于巩固政治与社会凝聚力至关重要。

新开发银行应致力于与可能需要资金的新兴国家或发展中国家建立平等的合作伙伴关系，而这种平等伙伴关系在世界银行与国际货币基金组织那里并不常见。因此，亚洲基础设施投资银行的设立是对国际货币基金组织和世界银行对全球经济变化缺乏适应性的回应。由于亚洲基础设施投资银行更高效，因此被视为另一种融资选择，其贷款条件较国际货币基金组织和世界银行更加灵活。随着亚洲基础设施投资银行成员数量迅速增多，预计将有更多国家加入进来。

随着世界由单极世界向多极转变，必须建立新的发展机构，以更好地服务所有成员。这需要对各种国际金融机构进行重组，通过对金融市场结构进行调整，将资金配置到最具生产力的用途上。国际金融机构无法解决2008年的全球金融危机问题，因此需要改革，否则最终会被取代。国际金融机构应能够预防类似的金融危机。国际金融机构应该在更公平的基础上，在发达国家和发展中国家之间分配投票权。

世界贸易更加多元化和新金融机构的发展，会带来一个具有包容性、尊重主权平等、分担责任、共享利益的金融新秩序。关于信贷需求的决定应该完全基于经济价值，不应有政治干预。国际货币基金组织需要增加资金，特别提款权也必须增加，才能履行其职能。特别提款权，又称"纸黄金"，最早发行于1969年，是一种补充储备货币，虽然本身不是货币，但可以转换为可用的储备货币。1971年废除了布雷顿森林体系，浮动汇率制取而代之。

易显河（Yee 2014）阐述了共同进步国际法的概念，并主张以共同进步国际法指导国际关系。他还指出，国际法的主旨应是共存而不是全球化，全球化并未阻止而是鼓励强国通过新自由主义经济政策统治弱国。共同进步不仅意味着经济发展，还代表着无可超越的道德和伦理进步（Wu 2017）。这需要包容性发展，促进互联互通，从而使更广泛的社会受益于“一带一路”倡议。

为了实现这一目标，重点在于经济发展模式必须符合特定国家的具体情况，因为各个国家存在着不同的需求。由于成员国之间投票配额的不均衡，世界银行和国际货币基金组织很可能无法代表新兴国家或发展中国家的利益。实际上，它们更有可能推动所谓的“华盛顿共识”，即一套强硬的、新自由主义或市场原教旨主义的政策，旨在通过财政紧缩、国有企业私有化、贸易自由化和吸引外国直接投资来推动经济增长（Wu 2017）。世界银行和国际货币基金组织通过“自上而下的提供者条件”强化了这种政策（Wu 2017）。

布雷顿森林体系即国际货币基金组织和世界银行是在截然不同的国际金融体系时期创建的，为避免过时，这些机构的改革显得至关重要。不同国家在这些机构中的份额应该与其在全球经济中的地位相关联。随着新兴经济体在全球经济中的实力增强，它们在国际金融机构中的表决权份额必须做出调整。

这些国际金融机构的各种缺陷在本章已经详细讨论。国际货币基金组织和世界银行所推行的政策受到新自由主义的驱动，因此它们对放贷设置的条件符合这种思想，而这种条件通常会恶化社会状况，尤其会恶化较低社会阶层的状况。为了避免类似 1997 年至 1998 年亚洲金融危机时期大规模资本外流的问题再次发生，有必要实行一些资本管制措施，金融监管过度放松对中国并没有益处。

随着新开发银行、亚洲基础设施投资银行和丝路基金等机构的建立，传统金融机构如世界银行和国际货币基金组织所具有的权威逐渐减弱。金砖国家的成功创建将推动形成一个新的国际金融体系，这已经成为必然趋势。布雷顿森林体系之后的全球金融体系正在形成之中，并将在很大程度上取决于“一带一路”倡议的发展。置身事外的国家将错失参与的机会。美国和日本忽视亚洲基础设施投资银行等组织以及中国提出的其他倡议，将自食恶果。尤其是日本，如果它选择置身于中国发起的倡议之外，将失去很多机会。事实上，日本加入“一带一路”倡议是更好的选择，但政治竞争往往优先于经济现实。

参考文献

Antràs, P., & Staiger, R. W. (2012). Off-Shoring and the Role of Trade Agreements. American Economic Review, 102(7), 3140-3183.

Asian Infrastructure Investment Bank. (2015). The Role of Law of the Asian Infrastructure Bank. https://www.aiib.org/law. AIIB Articles of Agreements, https://www.aiib.org/en.

Babb, S. (2013). The Washington Consensus as Transnational Policy Paradigm: Its Origins, Trajectory and Likely Successor. Review of International Political Economy, 20(2), 268-297.

Ban, C., & Blyth, M. (2013). The BRICs and the Washington Consensus: An Introduction. Review of International Political Economy, 20(2), 241-255.

Barro, R. (1996a). Getting It Right: Markets and Choices in a Free Society: Cambridge. Cambridge, MA: The MIT Press.

Barro, R. (1996b). Democracy and Growth. Journal of Economic Growth, 1(1), 1-27.

Bénassy-Quéré, A., & Béreau, S. (2011). Rebalancing IMF Quotas. The World Economy, 34(2), 223-247.

Bi, Y. (2013). Is Dumping Still Harmful? New Thinking on Antidumping in the Global Free Trade.Journal of East Asia & International Law, 6(1), 29-51.

Brzezinski, Z. (1997). The Grand Chessboard: American Primacy and Its Geostrategic Imperatives. New York: Basic Books.

Chin, G. T. (2016). Asian Infrastructure Investment Bank: Governance Innovation and Prospects.Global Governance, 22(1), 11-25.

Clegg, L. (2016). Contesting Sovereignty: Informal Governance and the Battle Over Military Expenditure at the IMF.Global Governance, 22(1), 117-135.

DeJonge, A. (2017). Perspectives on the Emerging Role of the Asian Infrastructure Investment Bank.International Affairs, 93(5), 1061-1084.

Donnelly, J. (2006). Sovereign Inequalities and Hierarchy in Anarchy. European Journal of International Relations, 12(2), 139-170.

Dreher, A., & Gassebner, M. (2012). Do IMF and World Bank Programs Induce Government Crises? An Empirical Analysis. International Organization, 66(2), 329-358.

Eichengreen, B., & Woods, N. (2015). The IMF' s Unmet Challenges.Journal of Economic Perspectives, 30(1), 29-52.

Farah, P. D. (2016). Trade and Progress: The Case of China. Columbia Journal of Asian Law, 30(1), 51-112.

Gabor, D. (2012). Managing Capital Accounts in Emerging Markets: Lessons from the Global Financial Crisis.Journal of Development Studies, 48(6), 714-731.

Gallagher, K. P. (2011).Regaining Control? Capital Controls and the Global Financial Crisis (PERI Working Paper Series, No. 250).

Gallagher, K. P. (2015). Contesting the Governance of Capital Flows at the IMF. Governance: An International Journal of Policy, Administration, and Institutions, 28(2), 185-198.

Gao, S. (2017). China and Global Energy Governance: Integration or Confrontation. Global Governance, 23(2), 307-325.

Gavin, M., & Rodrik, D. (1995, May). The World Bank in Historical Perspective. American Economic Review, 85(2), 329-334 (Papers and Proceedings).

Gouvea, R. (2013). Core Issues Facing Brazil' s Quest Towards Sustainable Growth. Asian Journal of Latin American Studies, 26(4), 39-65.

Gouvea, R., & Montoya, M. (2013). Brazil & China: Partners or Competitors? Designing Strategic Alliances in the Age of Uncertainty. Asian Journal of Latin American Studies, 26(1), 1-23.

Gransow, B. (2015). Chinese Infrastructure Investment in Latin America: An Assessment of Strategies, Actors and Risks. Journal of Chinese Political Science, 20(3), 267-287.

Güven, A. B. (2012). The IMF, the World Bank and the Global Economic Crisis: Exploring Paradigm Continuity. Development and Change, 43(4), 869-898.

Harpaz, M. D. (2016). China' s Coherence in International Economic Governance. Journal of Chinese Political Science, 21(2), 123-147.

Hopewell, K. (2017). The BRICS: Merely a Fable? Emerging Power Alliances in Global Trade Alliances in Global Trade Governance. International Affairs, 93(6), 1377-1396.

Horn, H., Johannesson, L., & Mavroidis, P. C. (2010). Some Descriptive Statistics. Journal of World Trade, 45(6), 1107-1138.

Ito, T. (2012). Can Asia Overcome the IMF Stigma? American Economic Review: Paper & Proceedings, 102(3), 198-202.

Jeanne, O., Subramanian, A., & Williamson, J. (2012). Who Needs to Open the Capital Account? Washington, DC: Peterson Institute for International Economics.

Katada, S. N., Roberts, C., & Armijo, L. E. (2017). The Varieties of Collective Financial Statecraft: The BRICS and China. Political Science Quarterly, 132(3), 403-433.

Kawai, M., & Petri, P. A. (2014). Asia's Role in the Global Economic Architecture. Contemporary Economic Policy, 32(1), 230-245.

Kembayev, Z. (2016). Letter to the Editors: Towards a Silk Road Union? Chinese Journal of International Law, 15(3), 691-699.

Kennedy, M. (2012). China's Role in WTO Dispute Settlement. World Trade Review, 11(4), 555-589.

Keynes, J. M. (1967/1936). The General Theory of Employment, Interest and Money. London: Macmillan.

McDonald, S., Robinson, S., & Thierfelder, K. (2008). Asian Growth and Trade Poles: India, China and East and Southeast Asia. World Development, 36(2), 210-234.

Moschella, M. (2012). Seeing Like the IMF on Capital Account Liberalisation. New Political Economy, 17 (1), 59-76.

Narlikar, A., & Tussie, D. (2004). The G20 at the Cancun Ministerial. World Economy, 27 (7), 947-966.

Nathan, A. J., & Scobell, A. (2013). Globalization as a Security Strategy: Power and Vulnerability in the "China Model". Political Science Quarterly, 128(3), 427-453.

Nederveen-Pieterse, J. (2011). Global Rebalancing: Crisis and the East-South Turn. Development and Change, 42(1), 22-48.

Paradise, J. F. (2016). The Role of 'Parallel Institutions' in China's Growing Participation in Global Economic Governance. Journal of Chinese Political Science, 21(2), 149-175.

Petropoulos, S. (2013). The Emergence of the BRICS: Implications for Global Governance.Journal of International and Global Studies, 4(2), 37-51.

Qin, J. Y. (2012). The Predicament of China' s "WTO-PLUS" Obligation to Eliminate Export Duties: A Commentary on the China-Raw Materials Case. Chinese Journal of International Law, 11(2), 237-246.

Robinson, J. (1979).Aspects of Development and Underdevelopment. New York and London: Cambridge University Press.

Sala-i-Martin, X. X., et al. (2011). The Global Competitiveness Index 2010-2011: Looking Beyond the Global Economic Crisis. In The Global Competitiveness Report 2010-2011. Geneva: World Economic Forum.

Salter, M., & Yin, Y. (2014). Analysing Regionalism Within International Law and Relations: The Shanghai Cooperation Organisation as a Grossraum? Chinese Journal of International Law, 13(4), 819-877.

Sampson, A. (1975).The Seven Sisters: The Great Oil Companies and the World They Made. London: Hodder and Stoughton.

Schmitt, C. (1976).The Concept of the Political. Introduction and Translation by G. Schwab. New Brunswick, NJ: Rutgers University Press.

Shiller, R. J. (2008).The Subprime Solution: How Today' s Global Financial Crisis Happened and What to Do About It. Princeton: Princeton University Press.

Srinivasan, P. (2016, January-March). Causal Nexus Between Export and Growth: BRICS Nations.SCMS Journal of Indian Management, 8(1), 67-80.

Stiglitz, J. E. (2003). Democratizing the International Monetary Fund and the World Bank: Governance and Accountability. Governance: An InternationalJournal of Policy Administration, and Institutions, 16(1), 111-139.

van Kerckhoven, S., & Luyten, A. (2014). The Tale of a Trojan Horse or the Quest for Market Access? China and the World Trade Organization.Revista Bralileira de

Política Internacional, 57(Special Edition), 193-209.

Veblen, T. (1953). The Theory of the Leisure Class: An Economic Study of Institutions. New York: The New American Library. A Mentor Book.

Vernengo, M., & Ford, K. (2014). Everything Must Change So That the IMF Can Remain the Same: The World Economic Outlook and the Global Financial Stability Report.Development and Change, 45(5), 1193-1204.

Vreeland, J. R. (2003). The IMF and Economic Development. Cambridge: Cambridge University Press.

Wilkinson, J., & Wesz Junior, V. J. (2013). Underlying Issues in the Emergence of China and Brazil as Major Global Players in the New South-South Trade and Investment Axis.International Journal of Technology Management& Sustainable Development, 12(3), 245-260.

Wong, K.-F., & Yu, M. (2015). Democracy and Accession to GATT/WTO.Review of Development Economics, 19(4), 843-859.

World Bank. (2011). Missing Food: The Case of Postharvest Grain Losses in Sub-Saharan Africa, Technical Report. Washington, DC: World Bank, FAO.

Wu, X. (2011). No Longer Outside, Not Yet Equal: Rethinking China's Membership in the World Trade Organization.Chinese Journal of International Law, 10, 227-270.

Wu, X. (2017). Friendly Competition for Co-Progressive Development: The Asian Infrastructure Investment Bank vs. the Bretton Woods Institutions.Chinese Journal of International Law, 16(1), 41-76.

Xiao, F., & Kimball, D. (2006, June).Effectiveness and Effects of China's Capital Controls. Conference: WTO, China, and the Asian Economies, IV: Economic Integration and Economic Development, University of International Business and Economics, Beijing. https://faculty.washington.edu/karyiu/confer/beijing06/

papers/xiao-kimball.pdf.

Yee, S. (2014, July 9). The International Law of Co-Progressiveness: The Descriptive Observation, the Normative Position and Some Core Principles. 13 Chinese Journal of International Law, 13 (3), 485 - 499. https://ssrn.com/abstract=2545702.

Yip, P. (2011). China's Exchange Rate System Reform: Lessons for Macroeconomic Policy Management. Singapore: World Scientific.

第 8 章　结论

《“一带一路”倡议与全球经济》第一卷分析了“贸易与经济发展”。2018 年，“一带一路”倡议覆盖了 70 多个国家，建设资金超过 1 万亿美元。据估计，“一带一路”倡议所涵盖的面积约占全球经济活动面积的一半。

本卷对于“一带一路”倡议的分析深入到经济、政治和组织框架等内容，不仅对“一带一路”倡议在全球经济中的作用做出了解释，同时也强调了其规模扩大给国际金融体系带来的变化及重要性。虽然“一带一路”倡议面临多重挑战，但若能得到成功实施，最终可能推动全球经济结构调整。新兴经济体有望成为新兴大国，因为政治实力建立在经济实力基础之上，而经济实力衰退的大国最终也会失去政治实力。

“一带一路”倡议的成功实施有助于促进经济增长，超越了凯恩斯的理论假设，即在充分就业条件下，当储蓄等于投资时，那么一国的经济就可以在充分就业的状态下达到总需求和总供给的均衡（Keynes 1967）。然而，“一带一路”倡议由长期项目构成，可能创造额外价值，进一步促进经济增长。

工业化以及随之而来的投资带动经济增长，这两者都有望通过“一带一路”倡议的实施来实现。自由贸易只是惠及那些在经济生产力方面具有深远比较优势的国家，直至这种比较优势消失。因此，全球化导致一些地区的贫困和另一些地区的富裕。为了防止未来经济崩溃，需要健康可持续的经济增长，这需要建立在由优秀的经济学家和优秀的专业人员指导下制定的周全战略之上，他们应服从经济整体发展的要求，而不仅仅服从某个利益集团的需求。

经济发展并不等同于经济增长，特别是在必须克服二元经济带来的各种障碍时。“一带一路”倡议在许多领域都有投资，因此必须建立或加强不同经济部门之间的联系。例如，当不同部门之间联系薄弱时，可能出现资源诅咒，从而无法实现可持续的经济发展。基础设施建设可以通过消除经济和社会发展的瓶颈，促进经济发展。

基础设施建设对经济发展至关重要，“一带一路”倡议的实施促进了各地区和国家之间必要的互联互通，为经济发展奠定了基础。因此，发展基础设施的目的不在于自身，而在于通过创造更具包容性的可持续经济发展，改善相关国家的经济和社会条件。

经济体逐步向产品价值链的上游迁移，通过工业化进程加速这一转变。中国在高技术领域的竞争实力日益增强，已经引起全球的关注。许多经济学家对中国作为一个经济大国的崛起感到困惑，这可能是因为他们囿于新自由主义范式之中。实际上，中国的经济政策在许多情况下并没有完全遵循新自由主义的范式。

经济发展需要根本性的经济思想变革，同时也需要社会制度、个人和社会认知的深刻变革。经济发展应该造福整个社会，而非个别利益集团。在发展过程中，必须采取包容的方式，推动基础设施的建设，促进向前和向后环节间的联系。在“一带一路”倡议项目投资中，需要面对各种社会经济不确定因素，如不同的文化传统以及不同的政治和经济制度。不同的经济增长模型因此得到阐释，例如新古典主义模型和内生增长模型。

对国际金融体系的影响将在第二卷的第二章和第三章中讨论。“一带一路”倡议的成功实施，将提升中国经济实力（详见第二卷第五章），其对共建国家经济发展的影响将在第二卷第六章阐述。“一带一路”倡议将深刻影响成员国的全球一体化进程，同时也通过中国在国际贸易中日益增强的主导地位，影响到它们的政治和经济关系（见第二卷第七章）。因此，“一带一路”倡议将会对全球经济和国际关系产生革命性的影响，这将在第二卷的第八章和第九章进行讨论。

金砖国家已经成为全球经济增长的引擎。金砖国家的消费市场和消费模式正在迅速扩张，中产阶级呈现出快速增长的趋势，特别是在服务业领域。中国不太可能陷入中等收入陷阱，即发展中国家由于缺乏创新能力而无法提高生产率水平的困境，因为中国已经跨入了创新时代。中国在基础设施建设方面拥有丰富经验，这得益于大规模的城市化推进对基础设施建设的急需。通过“一带一路”倡议，共建国家的经济增长率将得到提高，它们与中国的经济、政治联系将得到加强，尤其是东盟国家和欧亚经济联盟国家。

参考文献

Keynes, J. M. (1967/1936). The General Theory of Employment, Interest and Money. London: Macmillan.

后记

许多西方评论家对中国的崛起感到惊讶，主要是因为他们常常先入为主，而忽略了其他方面。例如，有些人不理解一个国家可以在不遵循新自由主义的情况下实现较快的经济增长。因此，中国可能代表了一种不同的经济发展道路。本书认为，在“一带一路”倡议下进行的项目几乎不接受新自由主义思想的指导。哲学、政治和认识论假设是包括经济学在内的社会科学的重要组成部分，中国的崛起对这些假设构成了挑战。领导国际金融的机构应该遵循科学的原则，而不是以特定经济政策的思想为基础，尤其应该脱离与主要发达经济体利益的关联。政府政策应当以科学为驱动力，而不是受煽动性的未经验证的意识形态所驱动。

国际货币基金组织和世界银行表面上奉行自由贸易原则，然而它们逐渐成为“华盛顿共识”的一部分，强迫许多国家遵守支持该共识的规则。针对某些国家，国际货币基金组织和世界银行可能会对其实施贸易制裁措施，如征收关税等，从而导致新兴经济体的影响逐渐减弱。

鉴于国际货币基金组织和世界银行等国际金融机构目前由占主导地位的大国控制，人们期待这些机构进行变革。这些国际金融机构推动了“华盛顿共识”的实施，进而促成了美国的外交政策改变（Wade 2007）。如果中国过度受这些国际金融机构的影响，一些迫切需要实施的改革可能会受阻。“华盛顿共识”已经制度化，并被这些国际金融机构所坚守，随着美国经济的衰退和中国经济的崛起，变革的趋势已经显现。

随着新兴经济体在全球的经济和政治利益在许多情况下开始融合，这些经济体将加强合作。如果这些国家达成共识，将在国际舞台上发挥更大影响力，这将影响国际货币基金组织和世贸组织的决策，也将影响主要货币国家对气候变化及其他全球议题的主导。由于国际货币基金组织和世贸组织不愿顾及新兴经济体的利益，各种新的国际机构已经涌现，比如亚洲基础设施投资银行、上海合作组织和金砖国家。

参考文献

Wade, R. (2007, July/August). A New Global Financial Architecture? New Left Review, 46, 115-129.

缩略语

Agreement on Trade-Related Aspects of Intellectual Property Rights (TRIPS)	《与贸易有关的知识产权协定》
AIIB's Articles of Agreements (AoA)	亚洲基础设施投资银行协议条款
Asian Infrastructure Investment Bank (AIIB)	亚洲基础设施投资银行
Asia Africa Growth Corridor (AAGC)	亚非增长走廊
Asian Development Bank (ADB)	亚洲开发银行
Association of Southeast Asian Nations (ASEAN)	东南亚国家联盟
Bangladesh, Bhutan, India and Nepal Motor Vehicles Agreements (BBIN-MVA)	《孟加拉国、不丹、印度和尼泊尔汽车协议》
Bangladesh - China - India - Myanmar Corridor (BCIM)	孟中印缅走廊
Bank for International Settlements (BIS)	国际清算银行
Belt and Road Initiative (BRI)	"一带一路"倡议
China Communications Construction Company (CCCC)	中国通信建设公司
China - ASEAN Free Trade Agreement (CAFTA)	中国-东盟自由贸易协定

China - Pakistan Economic Corridor (CPEC)	中巴经济走廊
Community of Latin American and CaribbeanStates (CELAC)	拉美和加勒比国家共同体
East-West Economic Corridor (EWEC)	东西经济走廊
Eurasian Economic Union (EAEU)	欧亚经济联盟
Financial Stability Forum (FSF)	金融稳定论坛
Foreign Direct Investment (FDI)	外国直接投资
Free Trade Agreement (FTA)	自由贸易协定
General Agreement on Tariffs and Trade (GATT)	《关税及贸易总协定》
Greater Mekong Sub-region (GMS)	大湄公河次区域
Gross Domestic Product (GDP)	国内生产总值
Gross National Income (GNI)	国民总收入
Net Present Values (NPV)	净现值
New Development Bank (NDB)	新开发银行
new stage theory (NST)	新发展阶段理论
Northern Sea Route (NSR)	北海航线
North-South Economic Corridor (NSEC)	南北经济走廊
Post-Washington Consensus (PWC)	后华盛顿共识
Public-Private Partnerships (PPPs)	公私合作伙伴关系
Purchasing Power Parity (PPP)	购买力平价
Russia's Exclusive Economic Zone (EEZ)	俄罗斯专属经济区
Shanghai Cooperation Organization (SCO)	上海合作组织
Silk Road Economic Belt (SREB)	丝绸之路经济带

South Asian Association of Regional Co-operation (SAARC)	南亚区域合作联盟
Southern Economic Corridor (SEC)	南部经济走廊
Special and Differential Treatment (SDT)	特殊和差别待遇
state-owned enterprises (SOEs)	国有企业
The International North-South Transport Corridor (INSTC)	国际南北运输走廊
The Khorgos-Eastern Gates Free Economic Zone (FEZ)	"霍尔果斯-东大门" 自由经济区
Trans-Korean Railway (TKR)	韩半岛纵贯铁路
Trans-Siberian Railway (TSR)	西伯利亚铁路
United Nations Convention on the Law of the Sea (UNCLOS)	《联合国海洋法公约》
World Trade Organization (WTO)	世界贸易组织

译名对照表

A	
Albania	阿尔巴尼亚
Angola mode	安哥拉模式
Arkhangelsk	阿尔汉格尔斯克
Asian Tigers	亚洲四小龙
Azerbaijan	阿塞拜疆
B	
backward linkages	后向联系
Barents Sea	巴伦支海
Beijing Consensus	北京共识
Belcomur	贝尔科穆尔
Belt and Road Forum for International Co-operation	“一带一路”国际合作高峰论坛
Bering Strait	白令海峡
Bilateral Trade Agreements	双边贸易协定
Bosnia	波斯尼亚
Bretton Woods Institutions	布雷顿森林体系机构
Bretton Woods Institutions	布雷顿森林机构
BRICS	金砖国家
BRICS Development Bank	金砖国家开发银行

BRICS-Plus countries	“金砖+”国家
Budapest	布达佩斯
building up the strength of the country	国家富强
build-operate-transfer (BOT)	建设-运营-转让
build-own-operate-transfer (BOOT)	建设-拥有-运营-转让
Bulgaria	保加利亚
C	
Cape Dezhnev	德日涅夫角
capital account liberalization	资本账户自由化
capitalist West	资本主义西方（国家）
catching-up effect	追赶效应
China is back	中国回归
China-CELAC Forum	中国—拉共体论坛
China-Pakistan Economic Corridor	中巴经济走廊
China-Russia-Mongolia Economic Corridors	中俄蒙经济走廊
Chinese characteristics	中国特色
Chinese Dream	中国梦
Chinese way	中国道路
Climate resilience	气候韧性
Comey	科米
Community of Common Destiny	命运共同体
community of shared interests	利益共同体
community of shared responsibility	责任共同体
Comparative Advantage	比较优势
Contingency Reserve Arrangements	应急储备资金

cost-benefit analysis (CBA)	成本效益分析
counter cyclical policy	逆周期政策
creative, destructive and defensive innovation	创造性、破坏性和防御性创新
Croatia	克罗地亚
current account	现金账户
D	
debt financing	债务融资
debt trap diplomacy	债务陷阱外交
demand lag	需求滞后
Deng Xiaoping's Theory	邓小平理论
Development Gap	发展差距
developmental state	发展型国家
Doha Round	多哈回合
domestic reaction lag	国内反应滞后
Dynamic Mechanisms	动态机制
E	
East Asia Quadrangle	东亚四国（中、日、韩、朝）
East Asian Community	东亚共同体
economic austerity measures	经济紧缩措施
economic imperialism	经济帝国主义
Economic Integration	经济一体化
economic sanctions	经济制裁
Economic Stagnation	经济停滞
enclave economies	飞地经济
Endogenous Growth Theory	内生增长理论

Endowment-Driven Specialization	禀赋驱动专业化
equity financing	股权融资
Estonia	爱沙尼亚
Eurasian Connection	欧亚连接
Eurasian Customs Union	欧亚关税同盟
Evolutionary Economic Processes	经济演化的基本过程
exchange rate	市场汇率
export processing zones	出口加工区
export promotion	出口促进
export subsidies	出口补贴
Export-Oriented	出口导向型
F	
Factor Endowments	要素禀赋
financial crisis	金融危机
financial deepening	金融深化
financial hub	金融中心
financial intermediaries	金融中介机构
financial liberalization	金融自由化
financial repression	金融抑制
financial sector reforms	金融部门改革
Fiscal Decentralization	财政分权
foreign exchange reserves	外汇储备
foreign reaction lag	国外反应滞后
forward linkages	前向联系
G	
gateway region	门户地区

Gazprom	俄罗斯天然气工业股份公司
Geographical Development	地理区域发展
geopolitical influence	地缘政治影响力
geopolitical interests	地缘政治利益
global economic governance	全球经济治理
global financial governance	全球金融治理
Global Production Networks	全球生产网络
Global Value Chain	全球价值链
“going out” policy	“走出去”政策
Great Leap Forward	“大跃进”
Green infrastructure	绿色基础设施
Greifswald	格赖夫斯瓦尔德
Grossraum	“大空间”
Guanxi Capitalism	关系资本主义
H	
hard infrastructure	硬性基础设施
Heckscher-Ohlin Model	赫克歇尔-俄林模型
Herzegovina	黑塞哥维那
High-Tech Endeavours	高科技领域
hinterland region	腹地地区
Hokkaido	北海道
Hungary	匈牙利
I	
import substitution	进口替代
Income Gap	收入差距
Industrial Clusters	产业集群

industrial policy	产业政策
Infrastructure-for-Resources	资源交换基础设施贷款
Innovated in China	中国创新
Institutional Gap	制度差距
Integration Gap	一体化差距
intellectual property rights	知识产权
International Cooperation	国际合作
international economic law	国际经济法
international financial architecture	国际金融架构
international investment agreements	国际投资协定
International Monetary Fund（IMF）	国际货币基金组织
international trade law	国际贸易法
inter-regional cooperation	区域间合作
K	
Kantian categorical imperative	康德绝对命令
Keynesian pump-priming	凯恩斯主义刺激政策
Khabarovsk Oblast	哈巴罗夫斯克州
Knowledge Spillover	知识溢出
Knowledge-Intensive	知识密集型
Kyaukpyu Special Economic Zone（KS-EZ）	皎漂经济特区
L	
Land Silk Road	陆上丝绸之路
land-locked countries	内陆国家
Latvia	拉脱维亚
laying low	韬光养晦

Level Effect	水平效应
Liquefied natural gas（LNG）	液化天然气
Lithuania	立陶
Lomonosov Ridge	洛蒙诺索夫海岭
M	
Macedonia	马其顿
Made in China 2025	《中国制造 2025》
Maritime Silk Route	海上丝绸之路
market fundamentalism	市场原教旨主义
Market-Driven Economic Integration	市场驱动的经济一体化
market-oriented policies	市场导向型政策
Marshall Plan	马歇尔计划
meta-regression	元回归分析
Middle East	中东地区
Mount Thorne	黑山
multilateral trade system	多边贸易体系
Murmansk	摩尔曼斯克
N	
Neoclassical theories	新古典主义理论
Neoliberalism	新自由主义
neo-mercantilism	新重商主义
non-performing loans	不良贷款
non-trade issues	非贸易问题
Nord Stream	北溪
nostalgic futurology	怀旧未来学

O	
oil-backed loans	石油担保贷款
"one size fits all" policy	"一刀切" 政策
open-door policy	开放政策
opening up	对外开放
Organization of Islamic Cooperation	伊斯兰合作组织
P	
Pacific Maritime Silk Road	太平洋海上丝绸之路
Petropavlovsk-Kamchatsky	彼得罗巴甫洛夫斯克-堪察斯基
Physical and Human Capital	物质和人力资本
pipelines for gas and hydrocarbon	气体和碳氢化合物管道
Piraeus Port	比雷埃夫斯港
Polar Silk Road	极地丝绸之路
Power of Siberia	西伯利亚力量（中俄东线天然气管道）
Production Cycles	生产周期
Puerto Zeebrugge	泽布鲁日港
R	
R&D Expenditures	研发支出
regional community of common destiny	区域命运共同体
Regional Comprehensive Economic Partnership (RCEP)	区域全面经济伙伴关系协定
Regional Integration	区域一体化
Relative Effect	相对效应
resource financed infrastructure (RFI)	资源交换基础设施
revealed comparative advantage	显性比较优势
Ricardian Model	李嘉图模型

Romania	罗马尼亚
Rotterdam port	鹿特丹港
Rowstow's stages of economic growth	罗斯托经济增长模式
S	
Sakhalin Island	库页岛
Scientific Outlook on Development	科学发展观
Serbia	塞尔维亚
Shanghai Cooperative Organization	上海合作组织
Silk Road Fund	丝路基金
Sino-Capitalism	中国资本主义
Slovakia	斯洛伐克
Slovenia	斯洛文尼亚
Socialism with Chinese characteristics	中国特色社会主义
soft infrastructure	软性基础设施
soft power balancing strategy	软实力平衡战略
South-East Asian Region	东南亚地区
Southern Gas Corridor	南部天然气走廊
South-South Cooperation	南南合作
South-South Trade	南南贸易
standard gauge	标准轨距
state capitalism	国家资本主义
stock exchange	证券交易所
Strategic Partnership	战略伙伴关系
Structuralism and New Structuralism	结构主义和新结构主义

T

technological "hub-and-spoke" system	技术中心辐射系统
Technology incubators	技术孵化器
Technology Robotics	技术机器人
The Eurasian Land Bridge	亚欧大陆桥
The Eurasian route	欧亚铁路
the Export-Import Bank of China	中国进出口银行
the Fome Zero (Zero Hunger)	零饥饿计划
the GATT-TRIP (General Agreement on Trade and Tariffs - Agreement on Trade - Related aspects of Intellectual Property)	《关贸总协定——贸易相关知识产权协议》
the great rejuvenation of the Chinese nation	中华民族伟大复兴
the happiness of the people	人民幸福
the Iron Silk Road	铁路丝绸之路
the Memorandum of Understanding on Developing the BRI	《关于发展"一带一路"的谅解备忘录》
The Northern Corridor	北部走廊
The Pan-Asian railway	泛亚铁路
The Quadrangle of East Asia	东亚四边形
the rejuvenation of the nation	民族振兴
the SCO Charter	《上合组织宪章》
The Shanghai Five	上海五国
The South Stream	南溪
the Tenth Five-year plan	"十五"计划

Theories of Economic Growth	经济增长理论
“Three Represents”	“三个代表”
tied aid	捆绑援助
trade barriers	贸易壁垒
trade creation	贸易创造
trade diversion	贸易转移
trade flow	贸易流量
trade liberalization	贸易自由化
trade openness	贸易开放度
trade performance	贸易绩效
trade potential	贸易潜力
transit point	中转地区
Trickle-Down Theory	涓滴效应理论
twenty-first-century Maritime Silk Road	21 世纪海上丝绸之路
U	
Unequal Development	不平衡发展
Ural	乌拉尔
Ustiluga	乌斯季卢加
V	
Value Chain Partners	价值链合作伙伴
Vladivostok	符拉迪沃斯托克
Vyborg	维堡
W	
Washington Consensus	华盛顿共识
World Bank	世界银行

《国外“一带一路”研究译丛》第二辑

《从丝绸之路到“一带一路”：重塑过去，共创未来》

《南亚制造业与就业：经济可持续发展战略》

《“一带一路”：中国与亚洲》

《“一带一路”倡议和全球经济（Ⅰ）——国际贸易和经济发展》

《中国“一带一路”倡议与国际私法》

《中国：交通运输基础设施，创新与“一带一路”倡议》

《钢铁长河：东南亚铁路与中国力量》

图书在版编目（CIP）数据

“一带一路”倡议和全球经济. Ⅰ, 国际贸易和经济发展 /（澳）约翰·约书亚主编；尹飞舟等译. --长沙：湖南人民出版社，2024.10
ISBN 978-7-5561-3340-6

Ⅰ. ①一… Ⅱ. ①约… ②尹… Ⅲ. ①“一带一路”-国际合作-研究 ②世界经济-研究
Ⅳ. ①F125 ②F11

中国国家版本馆CIP数据核字（2023）第187131号

“YI DAI YI LU” CHANGYI HE QUANQIU JINGJI (Ⅰ) —— GUOJI MAOYI HE JINGJI FAZHAN
“一带一路”倡议和全球经济（Ⅰ）——国际贸易和经济发展

主　　编　[澳]约翰·约书亚
译　　者　尹飞舟　乐国赋
　　　　　周艺文　李丽丽
责任编辑　吴韫丽
装帧设计　格局视觉
责任印制　肖　晖
责任校对　丁　雯

出版发行　湖南人民出版社
　　　　　[http://www.hnppp.com]
地　　址　长沙市营盘东路3号
邮　　编　410005

经　　销　湖南省新华书店
印　　刷　长沙艺铖印刷包装有限公司
版　　次　2024年10月第1版
印　　次　2024年10月第1次印刷
开　　本　710 mm × 1000 mm　1/16
印　　张　16.75
字　　数　202千字
书　　号　ISBN 978-7-5561-3340-6
定　　价　88.00元

营销电话：0731-82221529（如发现印装质量问题请与出版社调换）

